JN084588

英語の
しくみと
教え方

こころ・ことば・学びの
理論をもとにして

白畑知彦・中川右也
編

Kurosio
くろしお出版

はじめに

■ 本書の執筆目的

　本書の目的は、題名『英語のしくみと教え方——こころ・ことば・学びの理論をもとにして』に端的に表現されています。それは、「こころ・ことば・学びの理論」に基づき、できる限り具体的で分かりやすい記述をとおして、英語のしくみとその教え方について読者に提案することです。

　日本の英語教育において、これまでは、ともすると、教科専門（言語学や英語学）と教科教育（英語科教育法）との間に大きな溝がありました。しかしながら、こころ・ことば・学びの理論に基づかない外国語の指導は益が少ないと私たちは考えます。そのため、教科専門と教科教育を融合した「教科学」の立場から、英語の教え方を考察するアプローチを採用しようと試みました。

　そのような考えを基に、本書は、英語の教え方に関心を持つ、小学校、中学校、高等学校、高専、そして大学等の教員の方々に一読していただきたく、9名の執筆陣が鋭意努力し書き下ろしたものです。また、大学や大学院での英語科教育法等の講義を受講する学生・院生の方々にも十分活用いただけるものと確信しております。

■ 本書成立の経緯

　本書は、中部地区英語教育学会の課題別研究プロジェクト「言語・認知・学習理論を基盤とした英語指導の新しい展開」（2018年度—2020年度、代表：今井隆夫）での共同研究を発展させた成果として誕生したものです。この課題別研究プロジェクトのメンバーから、執筆への希望を募り、希望者が個別の章を担当することで本書が完成しました。

　その中部地区英語教育学会課題別研究プロジェクトについて、言及し

ておきます。研究を始めるにあたり、私たちは以下の内容を研究の意義と目的に定めました。

　国際化の時代という文脈の中で、コミュニケーションの手段としての英語学習が求められている。このような環境下にあって考えたとき、従来のテクストを訳して理解するための手段としての学習英文法は、指導のしやすさと学びやすさのみに焦点を当てたもので、学習者が使える（usable）英語を身につけるという側面を軽視してきたと言える。今般、2020 年度からの小学校英語教育の導入も決定し、指導者の養成も急務となっている。現行の小学校教員免許取得要件から考えると、他教科と同様、英語についても英語科研究（2 単位）と小学校英語科教育（2 単位）の授業が必修となると予想される。そうした時代において要請される言語能力の側面を考慮しつつ、学習が必要とされる言語要素を抽出し、それらの効果的な指導方法を構築することは、将来の英語教育の展望を開くために急務と考えられる。

　本プロジェクトでは、英語コミュニケーション能力の育成を基軸的目標とし、そのために必要な英語の知識（音声・語彙・文法）を、従来の教科専門と教科教育を融合した教科学の立場から再検討する。そして、英語学習者及び教職過程受講者が効率よく学べる指導法・学習法を開発し、成果を研究発表、論文、著書などの形で公にすることを目指す。

プロジェクトを進める中で、私たちメンバーは毎年 6 月に開催される中部地区英語教育学会年次大会での発表だけでなく、年に数回、研究会（名古屋市内）を催しました。またメールで頻繁に連絡を取り合い、新型コロナウィルスの影響下では、それぞれが遠く離れた場所にいながらも一緒に議論できる Zoom を使用して研究会を実施しました。このような研究体制を背景に本書が完成しました。

▌本書の構成と特徴

　本書は9章構成となっています。上述のように、言語学や学習理論を背景に、語彙、文法、そして英文読解やタスクの領域での指導法が考察されています。各章の前半部分では、「理論的背景」として、それぞれのトピックに関連する理論を整理しています。後半部分では「実践の展開」として、それぞれの理論を基に、どのような指導法が考えられるか、具体的に提案しています。低学年から高学年までの段階別指導法を提言している章もあります。

　以下にそれぞれの章の概略を記します。読者の皆さんは必ずしも第1章から順に読む必要はありません。各章のタイトルと、下記の概要をご覧になり、興味深い章から読まれるのも一つの方法だと思います。

　「**Chapter 1 コアを活用した多義語指導の理論と指導法**（藤井数馬）」では、基本動詞や前置詞に代表される多義語の指導に際し、語の中心義であるコア（core meaning）を活用した指導を紹介しています。理論編では、基本語力の重要性と訳語学習の問題点を指摘した後、コアとは何か、その特徴を紹介します。実践編では、コアやコア図式（core schema）の有用性を生かすための指導案を提案しています。

　「**Chapter 2 動詞の3区分の知識とその指導法**（大瀧綾乃）」では、動詞（他動詞、自動詞、自他両用動詞）の指導法について提案します。まず、英語の動詞の3区分について、教師の知っておくべき知識について説明します。次に、教師が動詞を指導するにあたり、各動詞のどのような特徴をどのように教えたらよいのか、その指導内容と方法を提案します。

　「**Chapter 3 派生接辞の特徴とその指導法**（田村知子）」では、最初に英語と日本語の派生語（derived word）と派生接辞（derivational affix）の特徴を説明します。次に、英語の派生接辞をどのように指導していけばよいか、中学・高校・大学別の段階別指導法を提案します。教師が派生接辞や派生語についての知識を持つことは、学習者に語彙を指導する上で必要です。語彙の多くは派生語であるため、派生接辞を指導することに

よって、生徒の語彙量をより効率的に増やすことができるのではないでしょうか。

「Chapter 4 英語代名詞の特徴とその指導法（白畑知彦）」では、英語の代名詞（pronoun）の指導法について考察していきます。まず、教師の知るべき知識として、日本語と英語の代名詞の特徴を理論的にまとめています。次に、英語の代名詞を教えるにあたり、理論からの知見を活かしつつ、どのような工夫をすれば、その本質を教えられるのかの提案をしています。強調していることは、日本語（母語）と英語（学習目標言語）という 2 つの言語への言語的な気づきです。このような言語への意識を高めることは、外国語学習にとって重要だと筆者は考えています。

「Chapter 5 学習者の認知能力を活性化する過去形の有機的な指導法（今井隆夫）」では、従来の指導法では難しいと考えられている仮定法を、「仮定法」という文法用語で独立した項目としてカテゴリー化し指導するのでなく、「過去形の 1 つの用法」と捉えなおし、有機的に導入できる方法の理論と実践を紹介しています。筆者は、学習英文法で教えるべきことは、文法用語を用いて、言語表現を分類・網羅することではなく、英語を使えるようになるために、学習者が英語の知識を頭の中に蓄えることができるようになるためのガイドとなるべきことだと主張しています。

「Chapter 6 時を表す前置詞 AT・IN・ON のイメージ指導法（中川右也）」では、まず英語の前置詞（preposition）の特徴と日本人英語学習者が前置詞を苦手とする要因について概観します。その後、時を表す前置詞 at・in・on に焦点を当て、理論言語学の 1 つである認知言語学の知見に基づき、イメージを使った効果的な指導法を示した上で、その学習法を採り入れた指導法を提案しています。

「Chapter 7 アニメーションを利用した文法指導法（近藤泰城）」では、英語の文法指導でアニメーションが効果的な役割を果たすと主張します。アニメーションの効果を例示するために、本章では二重目的語構文と与格構文の書き換えの際の to と for の選択についての指導を例に出

しています。学校の英語教育では、二重目的語構文を to や for を用いて与格構文に書き換えることを指導しますが、その時、前置詞の選択で to か for のどちらを選ぶかの理解が学習者にとっては難しくなります。そこで、本章では認知言語学の知見を説明の際に活用し、アニメーションを使用してそれを視覚的に提示する方法を解説しています。

「Chapter 8 用法基盤モデルと CLIL に基づく英語の指導—英米文学教材を題材にして—（柏木賀津子）」では、筆者が実践を試みた「内容（英米文学の活用）と切り離さない文法指導」に基づき、理論と実践を繋いだ英語の指導法を紹介しています。「理論的背景」では、「用法基盤モデル（Usage-based Model：UBM）」に基づく指導法の考え方を紹介し、続いて「内容言語統合型学習（CLIL）」の指導法を紹介し、この 2 つが英語の指導にどのように関連付けられるかについて考察しています。「実践の展開」では、中学校における英米文学（英語の絵本を含む）の取り扱いの意義をまとめています。最後に、学習者の英文構造への気づきを引き出し、それを明示的に説明する指導法を提案します。

「Chapter 9 第二言語の発達における行為の役割と学習環境としての『課題』（松村昌紀）」では、まず、現実の世界に存在する種々のシステムの中で「複雑な系」（complex system）と見なされるものの特質を述べます。ここでのシステムとは、大雑把に言えば複数の構成要素からなる 1 つのまとまりのことです。それらのうち、特に複雑だとされるシステムにどのような特性が認められ、その発達の条件とは何なのか、筆者と共に考えていくことになります。後半では、そうした考察が第二言語の指導と学習に何を示唆してくれるのかを、近年の外国語教育で「タスク」と呼ばれている課題の用い方と関連づけて検討しています。

▌ 謝辞

　最後になりますが、本書の刊行にあたり、中部地区英語教育学会には課題別研究プロジェクトに採用いただいたことを始めとして、様々な面で私たちの研究をバックアップして頂いたことに対して、感謝いたしま

す。本書が出版された 2020 年は、学会創立 50 周年の節目の年とも重なりました。ただし、学会自体は新型コロナウィルス蔓延危惧のため残念ながら開催延期となったことも、学会の歴史の一部としてここに記しておきます。

　本書の出版を快くお引き受けくださったくろしお出版、とりわけ池上達昭氏には企画段階から出版に至るまで、全ての工程で全面的にお世話になりました。心より感謝申し上げます。

　本書が英語教育に関係する方々に広く読まれ、一人でも多くの方のお役に立てるならば私たちの幸とするところです。

　　　　　　　　　2020 年 6 月　中部地区英語教育学会 50 周年記念の年に
　　　　　　　　　　　　　　　　編者　白畑知彦・中川右也

目　次

CHAPTER 1

コアを活用した多義語指導の
理論と指導法

藤井数馬

＼ **困っているのは、こんなこと** ／

基本単語なのに、なかなか覚えられない生徒がいます。さらに学習が進むと、複数の意味を持つ多義語も登場してきて、頭の中が混乱状態になる生徒も…。ここでは、英語の多義語を「なるほど、そうだったのか！」と、効果的に身に付けられる教え方について考えていきましょう。

はじめに

　本章では、基本動詞や前置詞に代表される多義語の指導に際し、語の中心義であるコア（core meaning）を活用した指導を紹介します。本章の理論編では、基本語力の重要性と訳語学習の問題点を指摘した後、コアとは何か、その特徴を簡潔に紹介します。続く実践編では、コアやコア図式（core schema）の有用性を生かすための指導案をいくつか提案します。

Ｉ　理論的背景

● 基本語力の重要性

　英語運用力を高めるために、語彙力の育成が非常に重要な役割を果たすことは、これまで多くの研究者によって主張されてきました[1]。数多く

---

[1]　たとえば，田中（2011）や Nation（2013）によって主張されています。

ある語彙の中でも、日常会話から学術的な話題まで幅広く使われ使用頻度が高い基本語は、英語運用上とりわけ重要な語彙と言えます。実際、必要に応じて使える語彙が 1,000 語あれば、ほぼ日常生活には困らないという主張もされているように[2]、基本語は語彙の要と言えます[3]。

では、語彙力とはどのような力のことでしょうか。語彙力というと、語彙の幅、つまり語彙サイズに関心が向きがちですが、語彙の深さ、つまり語彙を使いこなすことも重要な要素です。本章では、語彙の深さに焦点を当て、語彙力を「語彙を使い分けつつ、使い切る力」と定義したいと思います。先述したように、語彙の中でも特に基本語が重要であることを考えると、語彙力の要は、基本語力、つまり「基本語を使い分けつつ使い切る力」にあるということになります。

基本語力が重要であることは、たとえば、英語学習者用に語彙や文法を制限して書かれた段階別読み物（Graded Readers）を読んでみるとよくわかります。出版社によって違いはありますが、段階別読み物の一番下のレベルは 100 語〜400 語程度の語彙レベルで書かれていることが一般的です[4]。つまり、このレベルではほぼ基本語のみを使って書かれていることになります。それにも関わらず、制限範囲内の語彙を上手に使ってさまざまな場面を描写し、ある程度の分量を持った一つのストーリーとして書き上げられています。これが可能なのは、基本語の中でも、基本動詞や前置詞に代表される多義語を効果的に使い、さまざまな場面を表現しているからに他なりません。たとえば、Oxford Bookworms Library シリーズの Starter（250 語レベル）のタイトルの一つである *Orca* という本では、総語数 1,600 語のテキストの中で、基本動詞の get は 12 回使われていますが、(1) に示すように、ときに前置詞や副詞とともに使われることでさまざまな場面描写を可能にしています。

[2]　相澤・望月 (2010)

[3]　本章における基本語の目安としては，大学英語教育学会基本語改定特別委員会 (2016) における 1000 語レベルの語彙とします。

[4]　Nation (2013)

（1） a. He is getting very excited now.

彼はすでにとても興奮してきている。

b. Jack gets the net off the baby killer whale.

ジャックはその赤ちゃんのシャチから網を外します。

c. Suddenly it is raining very hard and there is a lot of wind...
"...We must get away from the wind..."

突然、雨が強く降り、風が強まります。「私たちはこの風から避難しなくてはならない。」

d. Suddenly there are other killer whales near the boat.
"Jack!" Tonya shouts. "Get in quickly."

突然、ボートの近くに他のシャチが現れます。

「ジャック！」トンヤは叫びます。「はやく乗って。」

　このように、基本語を使いこなすことで、表現できる幅は大きく広がることがわかります。基本語と聞くと、多くの人は中学校で学習する簡単な単語と思うかもしれませんが、基本語を豊かに使える人はそれほど多くないでしょう。つまり、教育的観点からは、生徒が基本語を使えるように指導する必要があるということになります。

● 訳語学習の問題点

　本章では、基本語の中でも基本動詞と前置詞に注目したいと思います。なぜなら、基本動詞と前置詞は豊かな多義性を持っていて、これらを使い分けつつ、使い切る力を身につけることが表現の幅を広げることに直結するからです。基本動詞とは、たとえば have, take, put, get, keep, hold, make, break, bring, come, go, run, speak, tell, say などであり、前置詞とは、たとえば at, in, on, for, to, with, under, over などです。いずれも中学校の授業で目にする語ですが、これらを適切に使い分けつつ、使い切ることは決して容易ではありません。たとえば、break という動詞は、「壊す」という意味でよく使われますが、以下に示すような意味で

も使うことができます。

(2) a　The boy's voice has broken.
　　　少年は声変わりした。

　　b.　He broke out of jail.
　　　彼は脱獄した。

　　c.　The police broke a secret code.
　　　警察は秘密の暗号を解読した。

　　d.　Could you break a $100 bill?
　　　100ドル札をくずしていただけますか。

　基本語が持っているこれら豊かな多義を使い切るにはどうすればいいでしょうか。生徒の中には、これらの多義を訳語のリストとして覚えている人も少なくないでしょう。たとえば、takeという動詞を英和辞典で調べると、「持つ、つかむ、獲得する、捕える、持っていく、連れていく、食べる、飲む…」といった訳語がいくつも載っています。こうした訳語をリスト化してtakeの意味を覚えるという学習方法です。しかしこの訳語学習には、語彙力の育成という観点からは、以下の二点で問題があると考えられます。

　一つは、意味の分断が起こってしまうという問題です。つまり、いずれの訳語もtakeの意味の一部ではありますが、意味の全体を記述するものではないため、複数の訳語間に関連性が見えず、断片的な複数の意義として覚えていかざるを得なくなってしまうという問題です。本来あるはずのtakeの本質的な意味が分断されてしまうと、語の本質的意味理解には繋がりません。

　またもう一つには、訳語学習の場合、意味の無限追求という問題があります。たとえば、仮に「take＝つかむ」と覚えた場合、「つかむ」に当たる英語を辞書で調べれば「つかむ＝hold, grasp, grab...」となり、次にたとえばholdを辞書で調べれば「hold＝手に持つ、つかむ、握る、

保持する、開く…」となり、いつまでたっても take の「つかむ」の意味理解に辿り着くことができません。この状況では、「つかむ」という意味を表現したいとき、take と他の動詞を十分に使い分けることが難しくなってしまいます。

　このように、基本動詞や前置詞などの多義語の意味を訳語のみで覚える場合、意味の分断と意味の無限追求という二つの問題が生じ、その語の意味の本質を捉えることができません。意味の本質を捉えられなければ、基本語を適切に使い分けつつ、使い切ること、つまり基本語力を身につけることが難しくなってしまいます。

● **コア理論**

　それでは、基本動詞や前置詞などの多義語をどのように指導すればいいでしょうか。多義語指導に際して本章で提案したいのは、コアという概念です。コアとは、その語の中核的な意味のことで、複数ある語義の最大公約数的な意味のことです[5]。コアの基盤には、「形が同じであれば共通の意味があり、形が異なれば意味も異なる」[6] という言語観があります。つまり、多義語に対して、「関連性のない複数の語義を持つ語」と考えるのではなく、「同じ形で表される以上、複数の語義の間に何らかの意味の共通性がある」と考えます。

　コア概念は、以下の図 1 のように円錐の頂点として図示することができます[7]。底面の丸で示されているのは、実際の文脈で使われているさまざまな用例で、これら用例の中から同じ語義で使われているものが集約された段階が A や B や C で表されたものです。この段階が、辞書で語義として分類されている段階と考えられます。さらに、その A、B、C で表された語義を集約した、最も抽象度の高い本質的な意味がコアとな

---

[5]　田中・佐藤・阿部 (2006)

[6]　Bolinger (1977)

[7]　田中・佐藤・阿部 (2006, p. 8)

ります。つまり、コアを捉えることで、それぞれの語義との関連性を捉えることができ、訳語学習で生じてしまう意味の分断や意味の無限追求の問題をクリアできることになります。

図1　円錐の頂点としてのコア

　ここから、具体的な英文を使ってコアを説明していきます。以下の(3)に示した4つの英文の意味を考えてみましょう。

(3)　a.　He took some pills and got a stomachache.
　　　　　彼は錠剤をいくつか飲み、腹痛を起こした。
　　b.　He took some pills and put them on the table.
　　　　　彼は錠剤をいくつか手に取り、テーブルの上に置いた。
　　c.　He took some pills and got arrested.
　　　　　彼は錠剤をいくつか盗み、逮捕された。
　　d.　He took some pills to his mother.
　　　　　彼は錠剤をいくつか母に持っていった。

　いずれの用例も、"He took some pills" までは同じであり、その後に続く要素が異なることで、took に異なる語義が生じていることがわかります。すなわち、異なる文脈を与えられることで、(3a) の took は「（錠剤を）飲んだ」として、(3b) では「（錠剤を）手に取った」として、(3c) では「（錠剤を）盗んだ」として、(3d) では「（錠剤を）持っていっ

6

た」として解釈されます。

　これらの用例が示唆する重要な点は、take だけで語義が定まっているのではないということです。それは、take に何も意味がないということではなく、take 自体には文脈に左右されない中核的な意味があり、文脈が与えられたところで、その中核的な意味から、「飲んだ」「手に取った」などの具体的な語義に定まっていくという語義解釈の過程があるということです。この過程を図示したのが図 2 です[8]。

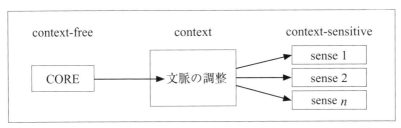

図 2　コアと文脈調整

　文脈に左右されない中心義がコアであり、具体的な語義（sense）いずれとも意味的な関連性を持ち、文脈調整を経て文脈に根差した語義が定まると考えます。

　中心義であるコアは、言語とイメージ図の二通りから記述できます。たとえば、take のコアは何かを「自分のところに取り込む」と言語的に記述でき、そのイメージ図（コア図式）は、以下の図 3[9]のように表すことができます。

8　田中・佐藤・阿部 (2006, p. 8)

9　田中・武田・川出 (2003, p. 1694)

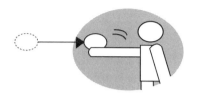

図3　take のコア図式

つまり、(3) の用例における "He took some pills" は、「彼は薬を自分の
ところに取り込んだ」が中核的な意味で、後続する文脈情報によって
「飲んだ」「手に取った」「盗んだ」「持っていった」という具体的な語義
として定まっていることになります。

　もう一つ、基本動詞の put を使った用例でコアを考えてみましょう。
下の (4) で示されている用例は、ともに〈put ＋名詞＋ on ＋名詞〉とい
う形式がとられていますが、put の (4a) における語義は「置く」であり、
(4b) における語義は「着せる」と解釈されます。

(4)　a.　He put a jacket on the table.
　　　　　彼はジャケットをテーブルに置いた。
　　b.　He put a jacket on his child.
　　　　　彼はジャケットを子どもに着せた。

　この用例においても、コア理論では put の語義を別々に記述するので
はなく、put には中核的な意味があり、各文脈に応じながらそれぞれの
語義が定まると考えます。動詞 put のコアは、何かを「あるところに位
置させる」と記述され、コア図式は図4[10] のように示されます。

---

[10]　田中・武田・川出 (2003, p. 1321)

8

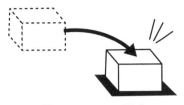

図4　put のコア図式

　本質的な意味であるコアは単純で曖昧であり、それ故に、多義語の持つ複雑で豊かな語義に適用が可能となります。たとえば、〈put ＋名詞＋ on ＋名詞〉という形式をとった場合に限っても、put や on に続く名詞によって、(5) の用例のように、「(プレッシャーを) かける」、「(シールを) 貼る」、「(強調) する」、「(セーターを売りに) 出す」など、さまざまな状況を豊かに表現できます。いずれの用例においても、何かを「どこかに位置させる」という put のコアが反映されているのが感じられるでしょう。

(5)　a.　They put pressure on the politician to resign.
　　　　　彼らは、その政治家が辞職するよう圧力をかけた。

　　　b.　She put a sticker on the calendar.
　　　　　彼女はシールをカレンダーに貼った。

　　　c.　The teacher put emphasis on the point.
　　　　　先生はそのポイントを強調した。

　　　d.　The shop put the sweater on sale at a bargain price.
　　　　　その店は、そのセーターをバーゲン価格で売りに出した。

　このような豊かな語義を訳語記述のみで捉えようとするのではなく、コアを捉えることで語の本質を理解し、コアからのさまざまな語義への展開を理解する。そのことによって、語を使い分けつつ使い切る力に繋げてゆく。これがコアを授業で使う最大の意義と言えます。
　すでに多くの基本動詞や前置詞において、それぞれのコアは言語記述

および図式の両形式で提唱されています[11]。また、基本動詞のコアと前置詞のコアを併用することは、句動詞の理解に対しても応用可能です。さまざまな基本動詞、前置詞のコアを参照する中で、「なるほど、そうか」と実感できるコアもあれば、もしかしたらわかりにくく感じるコアもあるかもしれません。コアは抽象的なイメージで、生徒もイメージを使った解釈に慣れていない可能性があるので、指導者が「自分の生徒にはわかりにくいかもしれない」と感じるものは特にコアを使った指導の初期段階では避けたほうがいいでしょう。指導者が「なるほど、そうか」と感じたものをまずはいくつか授業で取り入れてみて、指導者が感じた「なるほど、そうか」の実感を生徒と共有してみてはいかがでしょうか。

　理論編の最後に、コアを授業で活用した場合、どのような有用性が期待できるかについて考えてみたいと思います。すでにその有用性についてはいくつか提示されています[12]が、本章では気づきを高めること（awareness-raising）と、語彙内および語彙間のネットワーク化（networking）を促進することの二点を挙げたいと思います。

　気づきを高めるというのは、「なるほど、そうか」と言語の本質に気づくということです。つまり、コアを活用することで指導者が「なぜその語や表現がその意味になるのか」に対して説明できれば、生徒を深い理解へと導くことができるということです。このことが、語の本質的な理解に繋がり、語彙を使い分けつつ、使い切る力の育成に繋がると期待されています。

　もう一つの有用性は、コアを捉えることで、「そういえば、あれもそうだ」と、他の用例との共通性や関連性、あるいは違いに気づき、語彙をネットワーク化しながら習得することに繋がる可能性です。つまり、生徒が今まで接してきた用例の中から、コアとの共通性や関連性などに気づくことができれば、それまでバラバラに覚えていたさまざまな用例

---

[11]　詳細は、田中（2011）を参照してください。

[12]　詳細は、藤井（2017）を参照してください。

がコアを中核にネットワーク化され、習得に繋がることが期待されます。あるいは他の語との違いに気づけば、複数の語の使い分けに繋がることが期待されます。ネットワーク化は、一つの語彙内で起こる可能性もあれば、他の語彙との違いに気づけば語彙間で起こる可能性もあります。

　授業でコアを活用する意義というのは、これらの有用性を十分に発揮させるように指導できるかという問いと直結することになります。つまり、授業でコアを活用する際には、生徒に「なるほど、そうか」と感じさせる工夫と、「そういえば、あれもそうだ」と気づかせる工夫を組み込む必要があるということになります。そのための具体的な指導案を、以下の実践編で紹介したいと思います。

　それでは、これまでの議論を簡潔にまとめます。

理論的背景のまとめ

・本章で定義した語彙力とは、「語彙を使い分けつつ、使い切る力」のことである。

・基本動詞や前置詞などの多義語を訳語のみで覚える場合、「意味の分断」と「意味の無限追求」の問題があり、語彙力育成の観点から問題がある。語彙力育成のためには、その語の本質的意味であるコアを身につける必要がある。

・コアは、文脈に依存しない語彙の中心義として定義でき、具体的な語義は文脈が与えられて決まる。

・コアは言語とイメージ図式の二種類から記述できる。

・コアを授業で活用することで、形式と意味との関連性に関し、「なるほど、そうか」と気づきを高め、これまで接してきた用例の中から「そういえば、あれもそうだ」と語彙のネットワーク化に貢献することが期待できる。

　ここからは、コアを使った多義語の指導で、生徒に「なるほど、そうか」を実感させるための指導法と、「そういえば、あれもそうだ」を実感させるための指導法を提案していきます。

　なお、以下で提示するコアを活用した指導案は、高校生、あるいは中学校 3 年生の生徒を対象にした指導を想定したものです。その理由は次節に示す通りです。

● コアを有効に活用するための前提

　生徒に「なるほど、そうか」と感じさせたり、「そういえば、あれもそうだ」と感じさせたりするための前提があります。それは、生徒にある一定量の英語接触経験（学習経験）が必要だということです。

　「なるほど、そうか」と感じるということは、コアと用例との間に意味的な関連性を感じることができたということです。今までに見聞きしたことのある用例の共通点としてコアに気づけば「なるほど、そうか」となることは考えられますが、今までに見聞きしたことのない用例の場合はどうでしょうか。「なるほど、そうか」とはならず、「まあ、そういうものか」となると考えられます。この場合、用例の共通の意味としてボトムアップ的にコアに気づくのではなく、コアをいわば「正解」としてトップダウン的に「まあ、そういうものか」と受け取ると考えられます。

　また、「そういえば、あれもそうだ」と気づいてネットワーク化を構築するということは、それまでに点として持っていた複数の知識を線として結ぶということです。言い換えれば、点としての知識がなければネットワーク化は期待できないということになります。逆に、もし多くの知識が点在している状態であれば、コアを中心にネットワーク化したときのインパクトは非常に大きなものになると期待されます。

　以上のことから、コアの有用性を生かすために、ある一定量の英語接触経験（学習経験）があることが必要だと考えられます。本章では、「あ

る一定量」の目安として、基本動詞や前置詞に複数の語義があることを
実際の用例で学んだ経験と考え、高校生、あるいは早くとも中学校3
年生の生徒を想定し、以下に指導案を提示します。

●「なるほど、そうか」を実感させる指導案（中学校3年か高校生用）

　「なるほど、そうか」を実感させる指導案は、3つのラウンドに分け
て提案したいと思います。この3ラウンドに沿って指導することで、
授業の一部を使って、復習効果を生みながら指導するねらいがあります
が、生徒の習熟度や授業で割ける指導時間などに応じて、第2ラウン
ドを第1ラウンドと統合して指導を行うことも可能です。

　第1ラウンドは、さまざまな語義の背景にコアがあることに気づかせ
ることを目的とした指導です。第2ラウンドは、コアからさまざまな
用例への展開を理解させることを目的とした指導です。そして第3ラ
ウンドは、他の語との違いに気づかせることで、コアを深く理解し、語
を使い分けつつ使い切る力を養うことを目的とした指導です。各ラウン
ドの指導は10〜15分程度の時間で終わるようにして、複数の基本語
を並行して扱いながら、授業の帯活動として繰り返し指導できるように
設計します。

　具体的に、前置詞の on を例にとって説明します。第1ラウンドで
は、教科書や、問題集などの英文の中から、on のコアを想起しやすい
用例をいくつか教師が探し[13]、1枚の紙にまとめます。使用する用例の数
や難易度は生徒の習熟度や集中力などに応じて変え、1つの語につき3
文〜5文程度は用意するようにします。そして、クラスを4人程度の
グループに分け[14]、用例が書かれたプリントをグループに1枚配ります。
次に、on に共通して見られる中核的な意味について、対話を通して仮

---

[13]　田中茂範氏が代表を務める PEN 言語教育サービス（https://www.penlanguage.
com/）には、コアを生かすための良質な用例や教材などが揃っていて、授業でも使用
することができます。

[14]　グループの代わりに、クラス人数や普段の指導状況に応じて、ペアに分けてもい
いでしょう。

説を考えさせ、グループで1枚の紙に言葉や絵で書かせます。グループ活動が終わったら、いくつかのグループに発表させてクラスで共有し、教師が必要に応じて補足説明をしたり、補足資料を提示したりすることで、コアの定着を図ります。この活動は、生徒の習熟度に応じ、on だけでなく、in や at など、他のいくつかの前置詞も同時に扱い、同様に用例からコアを考えさせます。

▌用例プリント例（第1ラウンド）

（1）There are some textbooks <u>on</u> the desk.

（2）Look at the calendar <u>on</u> the wall.

（3）There is a fly <u>on</u> the ceiling.

（4）I usually sleep <u>on</u> my back.

（5）He had a cut <u>on</u> his forehead.

▌教師の問い掛けと生徒の反応例1（中学校3年から高校用）

教師　皆さん、on の意味ってどんな意味？

生徒　「上」

教師　確かに「上」という意味はあるよね。でも、プリントの用例を見ると、「上」以外の意味もありそうだね。じゃあ、on の意味って何だろう？用例に共通する on の本質的な意味をグループで相談して発見してみよう。グループで考えがまとまったら、プリントに書いてください。絵で描いても、文字で書いてもいいよ。

　生徒の活動中、教師は机間巡視をして、用例の意味がわからないグループや、どのようにコアを考えればいいのか難しそうにしているグループに対して、考え方の糸口を与えます。そして、グループ活動が概ね終わったところで、次のような指示を行います。

教師　それぞれのグループで代表 1 名を選んでもらって、考えた on の中心的な意味を黒板に書いてください。文字でも、絵でもいいよ。

生徒　（各グループ 1 名が黒板に書く。）

教師　ありがとう。（絵で描いたグループに対して）描いた意味について説明してくれる？

生徒　「どこかにくっついている」というイメージがあると思いました。

教師　ありがとう。そうだね、on には「接触」という中心的な意味（コア）がありそうだね。（コア図式を示しながら）それぞれの用例で、このコアがどう反映しているかみんなで確認してみよう。（簡潔にコアと用例との意味の関連性を説明する。）

　コアを導入する第 1 ラウンドで重要なことは、生徒たちに「なるほど、そうか」という実感を与えることです。そのためには、コアを想起しやすい平易な用例を用意し、コアを生徒たち自身が発見できるようにすることが重要です。

　第 2 ラウンドは、第 1 ラウンドから少し時間をあけて行います。用例の難易度やコアからの発展性は生徒の習熟度に応じますが、第 1 ラウンドよりもコアとの意味的な繋がりを得にくい用例を集めたプリントを作り、コアの復習をしつつ、コアがさまざまな用例へ展開していくことを学ばせます。また、第 1 ラウンドと同様、生徒の習熟度に応じ、on だけでなく、in や at など、他のいくつかの前置詞も同時に扱います。

（1）There are apples <u>on</u> the tree.

（2）She has a diamond ring <u>on</u> her finger.

（3）Can you stand <u>on</u> one foot?

（4）My story is based <u>on</u> facts.

（5）This is a book <u>on</u> India.

（6）Everything is <u>on</u> schedule.

（7）The workers are <u>on</u> strike.

（8）<u>On</u> arriving home, I discovered they had gone.

■ 教師の問い掛けと生徒の反応例3（中学校3年から高校用）

教師 以前学んだ on のコアって何だった？

生徒 「接触」

教師 （コア図式を見せながら）そうだったね。"The fly is on the ceiling." と言ったら、ハエが天井に接触している、つまり「とまっている」ということだね。この前置詞の on には、たくさんの使い方があります。今日は、プリントの用例がどんな意味なのか、on のコアを参照してグループで考えてみよう。

生徒 （グループで話し合う。）

教師 じゃあ、それぞれの用例がどんな意味か、コアを参照しながら発表してくれる？（生徒の発表を聞き、必要に応じてコアから各語義への展開を補足説明する。）

　第2ラウンドで重要なことは、さまざまな用例にコアが反映されていることを生徒に理解させることです。別の言い方をすれば、コアからさまざまな語義への展開例を生徒に学ばせることで、語の理解を深めることです。

　このように第2ラウンドでコアの展開例を学んだ後、また少し時間をあけて第3ラウンドを行います。このラウンドでは意味や機能が類似

した語をいくつか扱い、コアの違いに着目させることで、コアが用例の語義の違いを生じさせていることを理解させることがねらいとなります。さらに、コアを参照することで、未見の用例であっても語義の推測が可能であることを実感させることもねらいとなります。以下では、onと同時にinを第2ラウンドまで指導した状態であると仮定して、onとinの違いに着目させながら、意味理解や意味の推測をさせる指導案を提示します。

▌用例プリント例（第3ラウンド）

(1) We finished the homework on time.　vs.　We finished the homework in time.

(2) Look at the cat on the hat.　vs.　Look at the cat in the hat.

(3) He has dust on his nose.　vs.　He has dust in his nose.

(4) I can still see the beautiful sea in my mind.　vs.　The problem is on my mind.

(5) The children are on the lake.　vs.　The children are in the lake.

▌教師の問い掛けと生徒の反応例4（中学校3年から高校用）

教師　今日は、これまで学んだonとinの違いについて考えてみよう。それぞれのコアは何だった？

生徒　onは「接触」で、inは「空間内」

教師　（コア図式を見せながら）そうだったね。じゃあ、今日は、プリントの用例の意味の違いについて考えてみよう。それぞれの英文の意味はどのように違うのか、グループで考えてみよう。知らない表現でも、コアを参照して意味を推測してみよう。

生徒　（グループで話し合う。）

教師　じゃあ、それぞれの意味の違いを発表してくれる人？（生徒の発表を聞き、必要に応じてコアから各語義への展開を補足説明する。）

第3ラウンドが終わった後に、コアの定着を図るために、以下に示すようなエクササイズを行うことも可能です。エクササイズを行うことで、多くの用例に当たらせることができ、コアのさまざまな展開例を基にした深い理解に導くことが期待されます[15]。

■ エクササイズプリント例（第3ラウンド）

●カッコに入る共通の前置詞を、on か in のどちらか書きましょう。
(1) a. Look! There's a fish (　) the hook.
    b. You have mud (　) your shoes.
(2) a. She is running (　) the rain.
    b. I'll be back (　) a week.

以上が、「なるほど、そうか」を実感させる指導案の一連の流れとなります。最後に、特に第1ラウンドにおける指導のポイントとして、選択する用例の重要性と、自分たちでコアを考えさせることの重要性の二点を指摘しておきます。

用例の中には、コアとの意味的関連性を容易に感じられる典型例もあれば、コアとの意味的な繋がりを得にくい拡張例もあります。コアという概念を初めて導入する生徒を対象とした第1ラウンドの指導では特に、「わからない」という感覚を与えることは避けるべきです。提示する用例は、生徒が今までに見聞きしたことのある典型例を中心にして、生徒がコアを発見できるように導くことが重要です。

また、生徒たちに考えさせたり、用例を提示したりする前に、いきなりコア図式を提示しても教育効果があまりないことが指摘されています[16]。教師からいきなりコア図式が与えられた場合、生徒はそれをある種の「正解」として捉えてしまい、「なるほど、そうか」とはならず、「ま

---

[15] Fujii (2016)

[16] 藤井 (2011)

あ、そういうものか」と理解してしまう可能性は先述した通りです。この理解過程は、訳語で理解する過程と本質的に変わらず、コアに期待されている有用性を発揮できないことになります。また、コアは言語使用経験の産物と考えられていますので、用例を基にコアを考えさせる方向性は言語理論とも合致します。したがって、グループ活動などを取り入れて、自らでコアを発見させ気づきを高めるよう授業設計をしましょう。

● 「そういえば、あれもそうだ」を実感させる指導案 （中学校3年から高校生用）

コアを提示した後は、そのコアを我が物とするために、多くの用例に接することが重要です。なぜなら、多くの用例に接する中で、コアのさまざまな展開例や、コアと用例との意味的関連性をその都度理解することに繋がり、この認知経験がコアを確かな知識にしていくと考えられるからです。

ただ、多くの用例に接したとしても、その後の授業でコアを意識させる機会を設けないと、「そういえば、あれもそうだ」を実感できるかどうかは、生徒の意識次第となってしまいます。定期的、計画的にコアの展開例や、コアと用例との意味的関連性を意識、理解させる活動を組み込むことが重要です。

本章で紹介するのは、多くの用例にふれさせるために英語多読を課題として与え、その中から、コアとの関連性において面白いと思った用例や、難しいと感じた用例を挙げさせる課題です。たとえば、on を例とした場合、以下のような課題例を提案します。

> 今日から 2 週間で 10 冊以上の多読図書を読み、on が使われた用例をレポート用紙に書き出しましょう。そして、on のコアがよく反映されていると感じた用例に○を、on のコアとの繋がりを理解できなかった用例があれば×を書いて提出してください。

　英語多読とは、和訳せずに楽しく読めるレベルの英語の本をできるだけたくさん読むことで、大量の理解可能なインプットを得るための学習法です。基本動詞や前置詞などであれば、多読図書の易しいレベルのものでもたくさん使われているので、本物の（authentic な）言語材料を見つけるのに好適です。また、易しいレベルの多読図書であれば、挿絵も豊富に付され、on なら on を含んだ英文の状況がそのまま挿絵に表されていることもあるので、イメージで状況を理解できる可能性も期待できます。もし学校やクラスで多読図書を準備できない場合は、教科書の既習英文や、学習用の英和辞典や英英辞典などから用例を探させてもいいでしょう。

　このレポートを提出する日に、以下のように、○をつけた用例と、×をつけた用例をグループで共有することで、「なるほど、その用例もそうだ」という実感を与えることができると期待されます。

■ 教師の問い掛けと生徒の反応例 5（中学校 3 年から高校用）

教師　皆さん、多読図書に on を使った文はたくさんありましたか？今日は皆さんが○をつけた用例と、×をつけた用例をグループで共有しましょう。その際、○をつけた用例は意味をグループの人に説明し、×をつけた用例はグループで意味を考えてみてください。その結果、意味がわかれば×の横に○を書いておいてください。

生徒　（グループで説明を始める。）

教師　じゃあ、いくつかのグループに○の用例、×の用例を発表して

もらいます。（×の用例は、コアからの展開とともに、各語義を説明する。）

　以上のように、コアを提示した後は、多くの用例に接する環境を確保しながら、ときに応じてコアと用例間、用例と用例間の意味的な繋がりを意識的に強化する活動を組み込み、コアを我が物にしていくように指導設計することが重要です。授業の後で生徒たちに復習の機会を与えるために、プリントで提示した用例や、レポートの中の用例を定期試験の材料にしてもいいかもしれません。

　本章で提示した指導案は、すべて採り入れる必要はなく、生徒の状況や授業時間の都合などに応じて部分的に指導を行うことが可能です。また、提示する例文の数や難易度を調整することで一語の指導であまり多くの時間をかけず、複数の語をパラレルに扱い、復習の機会を与えながらスパイラルに指導を行うことで、多くの基本語の指導と定着に繋がります。

　それでは、実践の展開で示したコアを活用した指導指針について簡潔にまとめます。

実践の展開のまとめ

・授業でコアを活用して、生徒が「なるほど、そうか」、「そういえば、あれもそうだ」と実感するためには、生徒にある程度の英語接触（英語学習）経験が必要である。この点から、コアを活用した授業は、中学校３年や高校の生徒を対象にすることが推奨される。

・「なるほど、そうか」を実感させる指導の第１ラウンドでは、生徒がコアに気づきやすい平易な用例を提示、グループ活動などを通し、自分たちでコアを発見させる。

・「なるほど、そうか」を実感させる指導の第２ラウンドでは、コアからの展開例を学ばせる。生徒の習熟度に合った多くの用例を提示し、コアがさまざまな語義に展開されることに気づかせる。

- 「なるほど、そうか」を実感させる指導の第3ラウンドでは、類似した語の違いに着目させる。異なるコアが異なる語義を生じさせていることに気づかせ、未見用例であればコアを参照させて語義の推測をさせる。必要に応じてエクササイズを取り入れる。
- 「そういえば、あれもそうだ」を実感させるために、生徒に多くの用例に当たらせるとともに、コアの展開例や、コアと用例との意味的関連性を考えさせる。具体的には、英語多読図書の用例の中からコアの展開例を学ばせ、語彙内、語彙間のネットワーク化を図る指導法が考えられる。
- 複数の語をパラレルに扱い、復習の機会を与えながらスパイラルに指導をすることで、多くの基本語の理解と定着を図る。

まとめ

　本章の理論的背景では、語彙力を「語彙を使い分けつつ、使い切る力」と定義し、基本動詞や前置詞などの多義語の語彙力を身につけるためには、訳語による学習に問題があることを、「意味の分断」と「意味の無限追求」の点から指摘し、コアを活用することの意義を論じました。そして、教師がコアの有用性を授業で生かすためには、生徒に「なるほど、そうか」と実感させ、「そういえば、あれもそうだ」と気づかせる工夫が必要であることを指摘しました。

　そして実践の展開では、「なるほど、そうか」を実感させるための授業実践として、グループ活動を取り入れて用例からコアを考えさせ、コアの展開の仕方を学ばせ、語の違いを理解させる指導を提案しました。そして、「そういえば、あれもそうだ」を実感させるための授業実践としては、英語多読図書を活用して多くの用例にふれさせながら、用例の中でコアがどのように反映されているのかを意識的に学ばせる指導を提案しました。

● 参照文献

相澤一美・望月正道（2010）.『英語語彙指導の実践アイディア集──活動例からテスト作成まで』東京：大修館書店.

Bolinger, D.（1977）. *Meaning and form*. London: Longman.

藤井数馬（2011）.「コア図式と例文の提示が意味の理解と定着に与える影響について：助動詞の指導から」『四国英語教育学会紀要』*31*, 25–36.

Fujii, K.（2016）. Exploration into the effects of the schema-based instruction: A bottom-up approach. *Journal of Pan-Pacific Association of Applied Linguistics*, *20*（1）, 75–94.

藤井数馬（2017）.『イメージ図式を英語教育で有効に活用するための理論的・実証的研究』慶應義塾大学大学院政策・メディア研究科博士論文.

Nation, P.（2013）. *Learning vocabulary in another language*, 2nd Ed. Cambridge: Cambridge University Press.

大学英語教育学会基本語改定特別委員会（編著）（2016）.『大学英語教育学会基本語リスト新 JACET8000』東京：桐原書店.

田中茂範（2011）.『田中茂範先生のなるほど講義録 3：英語のパワー基本語──前置詞・句動詞編』東京：コスモピア.

田中茂範・佐藤芳明・阿部一（2006）.『英語感覚が身につく実践的指導──コアとチャンクの活用本』東京：大修館書店.

田中茂範・武田修一・川出才紀（編集）(2003).『E ゲイト英和辞典』東京：ベネッセ.

CHAPTER 2

動詞の3区分の知識とその指導法

大瀧綾乃

＼ 困っているのは、こんなこと ／

授業で、A traffic accident was happened last night. と、自動詞 happen を受動態にして発話する生徒がかなりいます。また、I enjoyed very much yesterday. のように、他動詞なのに目的語を落としてしまう発話もあります。動詞には、自動詞、他動詞、自他両用動詞があることを、生徒たちにわかりやすく説明する方法を考えていきましょう。

はじめに

　動詞は、文の構造と意味との関係を作る文の中心となる要素で、主語や目的語と共に文の基本的な構造を作ります。したがって動詞の用法は、英語を学習するにあたり最も重要な文法項目の中の1つであると言えます。

　英語の動詞は、他動詞、自動詞、自他両用動詞（自動詞、他動詞両方の用法で使われる動詞）の3区分に分かれますが、英語を学ぶ日本語母語学習者は（1）に示すように、他動詞と自動詞を混同することがよく観察されます。（1a）*I enjoyed very much[1]. では他動詞 enjoy を誤って自動詞と混同したため、他動詞が必要とする目的語が動詞の後ろにありません。（1b）と（1c）では、自動詞 happen と appear を誤って他動詞と混同

---

[1]　*（アスタリスク）は、その文が文法的に誤りであることを示します。

したため、(1b) *John happened the accident. のように動詞 happen の後ろに余分な the accident を付けたり、(1c) *The star was appeared. のように受動態にしてしまっています。(1d) 自他両用動詞では、文法的に正しい自動詞用法 The window broken.（窓が壊れた。）を誤りであると判断し、受動態 The window was broken. に直そうとする傾向がよく見られます。

(1)　　英語学習者による「他動詞と自動詞を混同する」例
　　a.　（他動詞 enjoy）　　**誤**：*I enjoyed very much.
　　　　　（正：I enjoyed the movie very much.　私は映画を大いに楽しんだ。）
　　b.　（自動詞 happen）　　**誤**：*John happened the accident.
　　　　　（正：John caused the accident.　John が事故を起こした。）
　　c.　（自動詞 appear）　　**誤**：*The star was appeared.
　　　　　（正：The star appeared.　星が現れた。）
　　d.　（自他両用動詞 break）
　　　　　The window broke.（窓が壊れた。）（←誤りだと判断）
　　　　　The window was broken.（←受動態を好む）

　そこで本章では、動詞の 3 区分の指導法について提案します。はじめに、英語の動詞の 3 区分について、教師の知っておくべき知識を簡潔に述べます。次に、教師が動詞の 3 区分を指導するにあたり、どのような特徴をどのように教えたらよいのか、その指導内容と方法を提案します。

Ⅰ　理論的背景

● 動詞の 3 区分と文の構造

　英語の動詞は他動詞、自動詞、そして自動詞と他動詞両方の用法を持つ自他両用動詞の 3 つに区分できます。図 1 の英語の動詞の例を見てください。他動詞には、たとえば accept（〜を受け入れる）、build（〜を建て

る）、destroy（～を壊す）、hire（～を雇う）、hit（～を打つ）、kick（～を蹴る）、promote（～を促進する）、respect（～を尊敬する）などが含まれます。

　自動詞には、appear（現れる）、arrive（着く）、cough（咳をする）、disappear（姿を消す）、fall（落ちる）、happen（起こる）、laugh（笑う）、swim（泳ぐ）などが含まれます。

　自他両用動詞には、break（～を壊す・壊れる）、close（～を閉める・閉まる）、freeze（～を凍らせる・凍る）、increase（～を増やす・増える）、melt（～を溶かす・溶ける）、open（～を開ける・開く）、roll（～を転がす・転がる）、start（～を始める・始まる）などが含まれます。

他動詞		自動詞		自他両用動詞	
accept	build	appear	arrive	break	close
destroy	hire	cough	disappear	freeze	increase
hit	kick	fall	happen	melt	open
promote	respect	laugh	swim	roll	start

図1　英語の動詞の例

　他動詞、自動詞、自他両用動詞を用いた文の構造について、それぞれ説明します。(2) から (4) の文を見てください。(2) Taro kicked the soccer ball.（太郎がサッカーボールを蹴った。）は他動詞を使った文で、主語 Taro と目的語 the soccer ball を伴います。(3) Hanako arrived at the airport.（花子が空港についた。）は自動詞を使った文で、主語 Hanako を伴います。(4) は自他両用動詞を使った文の例です。(4a) John broke the window.（John が窓を壊した。）は他動詞用法の文で、主語 John と目的語 the window を伴います。(4b) The window broke.（窓が壊れた。）は自動詞用法の文で、主語 The window を伴います。

　(2)　他動詞 kick を用いた文の例
　　　Taro kicked the soccer ball.　　（他動詞構造：主語－動詞－目的語）

(3) 自動詞 arrive を用いた文の例

Hanako arrived at the airport. （自動詞構造：主語－動詞）

(4) 自他両用動詞 break を用いた文の例

a. John broke the window. （他動詞構造：主語－動詞－目的語）

b. The window broke. （自動詞構造：主語－動詞）

　日本語でも、他動詞、自動詞、自他両用動詞は存在します。(5) は他動詞 kick に対応する日本語の動詞「蹴る」の例です。(6) は自動詞 arrive に対応する日本語の動詞「着く」の例です。(7) は自他両用動詞 break に対応する日本語の動詞「壊す」と「壊れる」の例です。(7a) は他動詞用法、(7b) は自動詞用法です。

(5) 「蹴る」の例

太郎がサッカーボールを蹴った。（他動詞構造：主語－動詞－目的語）

(6) 「着く」の例

花子が空港に着いた。 （自動詞構造：主語－動詞）

(7) 「壊す・壊れる」の例

a. 太郎が窓を壊した。 （他動詞構造：主語－動詞－目的語）

b. 窓が壊れた。 （自動詞構造：主語－動詞）

　以上をまとめると、教師は英語と日本語ともに他動詞、自動詞、自他両用動詞が存在することを知識として持つべきでしょう。ただし、日本語は (7) の「壊す (kowa-su)・壊れる (kowa-reru)」で示すように、動詞の共通部分（語幹、この場合は kowa-）に（異なる）接尾辞（活用形）をつけることで（他動詞用法 kowa-su の -su, 自動詞用法 kowa-reru の -reru）、他動詞と自動詞を交替することができます。この点は英語とは異なります。

　英語を学ぶ日本語母語話者は、他動詞、自動詞、自他両用動詞を使った文の文法性を正しく判断できるのでしょうか。大学生を対象にした調査によると、他動詞を自動詞または自他両用動詞と混同して、文法的に

正しくない自動詞用法（例：*Hanako accepted.）を文法的であると誤って判断する傾向があることが報告されています[2]。

　自動詞においては、sing（歌う）、chat（雑談する）、jump（跳ぶ）、dance（踊る）、walk（歩く）のような主語の意図的な動作を表す自動詞[3]を用いた文は、文法的であると正しく判断できる傾向がありますが、一方でappear（現れる）、belong（属する）、die（死ぬ）、escape（逃げる）、fall（落ちる）、happen（起こる）のような状態や位置変化を表す自動詞を用いた文は、非文法的であると誤って判断する傾向があると報告されています[4]。

　自他両用動詞においては、自動詞用法の文法性を正しく判断することのほうが、他動詞用法の文法性を正しく判断することよりも難しいことが明らかになっています[5]。

　さらに、教師から他動詞と自動詞の区別について説明を受けたことを覚えている大学生の中でも、動詞が他動詞、自動詞、自他両用動詞に分類されることを知らない学習者が多く存在することがわかっています[6]。よって教師は、学習者は動詞の分類について知識がないということを知っておくべきです。

● 文の主語の特徴

　他動詞用法と自動詞用法の文を意味の側面から見ていきます。ここでは特に、文の主語に注目します。(8) と (9) に示す文を見てみましょう。(8) は他動詞用法で、(8a) 主語 Taro と (8b) 主語 John は動詞の動作、つまりkick や break という動作を行います。(9) は自動詞用法で、(9a) 主語 Ann

---

[2]　近藤 (2014)

[3]　自動詞は主語の意図的な動作を表す「非能格動詞」と状態や位置変化を表す「非対格動詞」の 2 種類に分類されます（影山, 1996, pp. 20–21）。

[4]　近藤 (2019)

[5]　Otaki & Shirahata (2017)

[6]　筆者が行った調査によると（2019 年 4 月実施）、「教師から他動詞と自動詞の区別について説明を受けたことがある」と答えた大学 1 年生 39 名中、25 名（約 64％）が、動詞が他動詞、自動詞、自他両用動詞に分類されることを知らないと答えました。

も cough という動作を行います。よって (8a) 主語 Taro、(8b) 主語 John そして (9a) 主語 Ann はそれぞれ動作主という意味役割[7]を与えられます。

　一方、(9b) と (9c) の自動詞用法では、(9b) 主語 The train と (9c) 主語 The window は自動詞 arrive や自他両用動詞 break の動作を受ける対象となります。よって (9b) 主語 The train や (9c) The window は、同じ主語であっても動作主ではなく、主題[8]という意味役割が与えられることになります[9]。

(8)　　他動詞用法

　　　a.　（他動詞 kick）Taro kicked the ball.（太郎がボールを蹴った。）
　　　　　動作主

　　　b.　（自他両用動詞 break）John broke the window.（John が窓を壊した。）
　　　　　動作主

(9)　　自動詞用法

　　　a.　（自動詞 cough）Ann coughed all day.（Ann は一日中咳をした。）
　　　　　動作主

　　　b.　（自動詞 arrive）The train arrived at the station.（電車が駅に着いた。）
　　　　　主題

　　　c.　（自他両用動詞 break）The window broke.（窓が壊れた。）
　　　　　主題

　主語の意味役割が動作主であるとき、主語は動詞の行為を引き起こす

---

[7]　意味役割とは、項（主語や目的語などの名詞句）が持つ意味的な働きのことです（原口・中村・金子（編）, 2016, p. 480）。

[8]　主題とは、動詞が表す位置や状態の変化の影響を受ける名詞句のことです（原口・中村・金子（編）, 2016, p. 480）。

[9]　同じ自動詞でも、非能格動詞（例 cough）と非対格動詞（例 arrive）では主語が持つ意味役割が異なります。非能格動詞の主語は「動作主」という意味役割を持ち、非対格動詞の主語は「主題」という意味役割を持ちます。自他両用動詞（例 break）の自動詞用法では、主語は「主題」の意味役割を持ちます（近藤, 2019, pp. 36–39）。

ことができる必要があり、生き物、つまり人間であることが多くなります。よって生き物を表す名詞句（有生物名詞：たとえば I、a boy、Tom、she など）は、主語位置に置かれることが自然であると言えます[10]。

　英語の文は、他動詞用法と自他両用動詞用法共に、有生物名詞句も無生物名詞句も主語になることができます。(10) と (11) は他動詞 hit と自他両用動詞 open を使った他動詞用法の例です。(10a) と (11a) の主語は有生物名詞句で、(10b) と (11b) の主語は無生物名詞句です。(12) と (13) は自動詞 fall と自他両用動詞 open を使った自動詞用法の例です。(12a) と (13a) の主語は有生物名詞句で、(12b) と (13b) の主語は無生物名詞句です。

　【他動詞用法の例】
(10)　　他動詞 hit
　　　a.　Taro hit his head on the wall.（太郎は壁に頭をぶつけた。）
　　　b.　An earthquake hit the city.（地震が街を襲った。）
(11)　　自他両用動詞 open
　　　a.　Sam opened the window.（Sam が窓をあけた。）
　　　b.　The company opened the new office.（その会社は新事務所を開いた。）
　【自動詞用法の例】
(12)　　自動詞 fall
　　　a.　Hanako fell down the stairs.（花子は階段から落ちた。）
　　　b.　The snow fell in the mountains.（山で雪が降った。）
(13)　　自他両用動詞 open
　　　a.　Tomorrow, we will open earlier than usual.
　　　　　（明日、私達はいつもよりも早く開店する。）
　　　b.　The box opened easily.（箱が簡単にあいた。）

日本語を母語とする英語学習者は、無生物主語を使用する自動詞文の文

---

[10]　Becker (2014)

法性を正しく判断するのが困難なことが明らかになっています。具体的に言うと、(14a)の自動詞を使った平叙文 A letter arrived at my house. と(14b)の文法的に正しくない受動態 *A letter was arrived at my house. のどちらが文法的に適切な文であるかを選んでもらうと、(14b)の受動態の文を誤って適切な文であると判断して選ぶという強い傾向が見られました[11]。

　自他両用動詞では、(14c)の平叙文 The window opened. と、(14d)の受動態の文 The window was opened (by someone). は共に文法的に正しい文であるにもかかわらず、文の文法性を適切に判断できるか否かを調べてみると、(14c)の平叙文を正しくないと判断し、(14d)の受動態の文に修正しようとする傾向にありました[12]。日本語においても「手紙が届いた。」「窓があいた。」という無生物主語の自動詞用法があるにもかかわらず、このような傾向が見られたのです。

(14)　自動詞用法・無生物主語名詞句を伴う文の例
　　（自動詞 arrive）
　　a.　A letter arrived at my house.（家に手紙が届いた。）
　　b.　*A letter was arrived at my house.
　　（自他両用動詞 open）
　　c.　The window opened.（窓があいた。）
　　d.　The window was opened (by someone).
　　　　（窓が（誰かによって）あけられた。）

　どうしてこのような傾向が観察されるのでしょうか。母語話者は、「主語は有生物名詞句であることが自然である」と捉える傾向にあるようです[13]。この傾向は、人間言語に共通する強い制約であると考えられるため、第二言語学習者も同じように捉える傾向があるのではないかと

---

[11]　白畑他 (2020)

[12]　Otaki & Shirahata (2017)

[13]　Becker (2014)

考えられます[14]。そのため文が能動態の場合、主語に無生物名詞句が来ることは不自然であるとみなすため、文法的に正しくないと判断して受動態に修正する傾向が観察されると考えられます。このことを教師は知っておくとよいでしょう。

（14a）A letter arrived at my house. には「家に手紙が届いた。」という日本語が、（14c）The window opened. には「窓があいた。」という日本語があります。このため、日本語でも無生物を主語とする自動詞文があることを強調して教えるとよいと思います。

ここで気を付けておきたいことは、自他両用動詞を使った（14c）の平叙文 The window opened. と（14d）の受動態文 The window was opened. は共に文法的に正しいのですが、そこに含まれる意味が若干異なるということです。（14c）The window opened. では、主語 The window 自らが持つ性質により、動詞の状態 open に変化したと捉えることができます[15]。窓があくという状態を引き起こす人やモノが存在するか否かは、文からは読み取ることはできません。一方で（14d）The window was opened. は、by someone を付けることができる文であり、窓があくという状態を引き起こす存在がいることを文の意味の中に含んでいます。以下に理論編の内容をまとめます。

理論的背景のまとめ

- 英語の動詞は、他動詞、自動詞、自他両用動詞に分類される。
- 英語の他動詞、自動詞、自他両用動詞に対応する動詞が日本語にも存在する。しかし、日本語を母語とする英語学習者は、これらの英語の動詞を用いた文の文法性を正しく判断することが困難である。
- 英語の動詞では、他動詞用法と自動詞用法共に主語は有生物名詞句と無生物名詞句を持つことが可能である。この傾向は、日本語も同

---

[14]　白畑他（2020）

[15]　影山（1996）

様である。

・英語を学習する日本語母語話者は、自動詞用法で主語が無生物主語の場合、その文を誤りだと判断して受動態を好む傾向にある。

II　実践の展開

本章で提案する文法指導法は、「明示的文法指導」と呼ばれます。教師が学習者に文法についての知識を明示的に与え、学習者の文法に対する意識を高める指導法です。

● 指導の対象

ここでは、学習者の年齢別に2通りの方法を提案します。対象者は、高校生と大学生です。それぞれの対象とする指導法を、高校生用、大学生用として提示します。両者で共通する部分と異なる部分があります。高校生、大学生へ指導を行う際には、「母語である日本語に関する知識」を強調して提示します。彼らは認知能力と分析能力がある程度高く、母語で持っている特徴を客観的に捉えることができると考えられるからです。このような学習者の言語能力を英文法指導に活かすべきです[16]。また、母語の言語知識を英文法指導に活用することにより、学習者が「言語」に対する知識を高めることが期待されます。一方で、中学生は本指導法の対象としていません。なぜならば、本指導法は教師からの他動詞と自動詞に関する説明を十分に理解できる認知能力が必要となり、中学生には若干難しいと思われるからです。

● 指導のポイント

指導上重視するポイントは、(15) に示す2点です。ポイント①は、

---

[16]　白畑 (2015)

「英語の動詞を使用する文の構造」で、動詞の用法には他動詞用法と自動詞用法の両方があることを教えます。ポイント②は、「英語の動詞を使用した文の主語名詞句の意味的特徴」で、有生物名詞句と無生物名詞句共に、文の主語になることを教えます。

(15)　動詞の3区分の指導で重視する2つのポイント
　ポイント①：他動詞用法と自動詞用法が存在する
　ポイント②：有生物名詞句も無生物名詞句も主語になることができる

● 指導の方法

　図2に示すように、動詞についての明示的文法指導を計3回行います。指導 Stage 1 では、他動詞と自動詞とは何かということと、動詞の下位区分についての指導を行います。指導 Stage 2 では、英語の他動詞、自動詞、自他両用動詞を用いた文の構造について、対応する日本語と比較しながら指導を行います。指導 Stage 3 では、英語の他動詞、自動詞、自他両用動詞を使用する文の主語名詞句の有生性について指導を行います。各回15分〜20分を目安に、授業の中で本指導が大きなウエイトを占めないようにします。そうすれば、コミュニケーション中心の授業においても、本来の授業内容の妨げとはならずに指導を行うことができます。

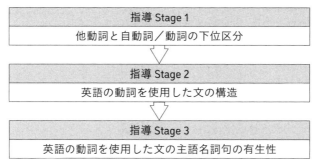

図2　本章での明示的文法指導の内容

以下に、各回の内容を詳しく説明します。なお、学習者に説明する際にはプレゼンテーション・ソフトを用いる方法が最適ですが、紙のプリントを用いる方法も可能です。

● 指導 Stage 1：他動詞と自動詞／動詞の下位区分を中心に指導する

① (ペアワーク) 他動詞と自動詞の違いについて話し合う
(高校生・大学生 共通)

　(16) に示すように、教師は他動詞と自動詞が用いられた文を提示します。生徒にペアになってもらい、両動詞の違いについて話し合いをしてもらいます。

(16)　他動詞と自動詞を用いた文の例

　　a.　(他動詞) John needs his umbrella.（John は傘が必要だ。）

　　b.　(自動詞) The accident happened.（事故が起こった。）

② (教師による説明) 他動詞と自動詞の説明
(高校生・大学生 共通)

　(17) に示すように、教師が他動詞と自動詞の区別について説明します。ただし、目的語の意味や位置がわからない生徒がいるかもしれません。その場合、教師は「主語」「動詞」「目的語」とは何かを説明し、それらの位置を確認する必要があります。

(17)　他動詞と自動詞の説明

　　a.　他動詞：(動詞の後ろに) 目的語がある

　　　　例：John needs his umbrella.（John は傘が必要だ。）

　　　　　　(主語)(動詞)　(目的語)

b.　自動詞：（動詞の後ろに）目的語がない

　　　　例：The accident happened.（事故が起こった。）

　　　　　　（主語）　　　（動詞）

③（教師による説明）他動詞・自動詞の区別に基づく動詞の分類
（高校生・大学生 共通）

　（18）に示すように、教師は他動詞・自動詞の区別に基づく動詞の分類を説明します。特に「3. 他動詞・自動詞両方で使われる動詞」が存在することを強調して説明します。

（18）　他動詞・自動詞の区別に基づく動詞の分類
　　1.　主に他動詞として使われる動詞（例：accept, build, destroy）
　　2.　主に自動詞として使われる動詞（例：appear, arrive, cough）
　　3.　他動詞・自動詞両方で使われる動詞（例：close, drop, open）

　次に（19）と（20）に示すように、（18）に対応する例文を見せて説明します。（19）は（18）「1. 主に他動詞として使われる動詞」destroy を用いた例文です。（20）は（18）「3. 他動詞・自動詞両方で使われる動詞」drop を用いた例文です。その際に、次の2点に気を付けます。（a）文法的な文だけではなく誤りである文も提示し、なぜ誤りであるのかを説明します。（b）例文を見せる際には必ず日本語訳も付けます。そうすれば、日本語に対する気づきも高めることができるでしょう。

（19）　主に他動詞として使われる動詞
　　文法的に正しい文：The army destroyed the town.（軍隊が街を壊した。）
　　文法的に誤りの文：*The town destroyed.

●教師による誤りの説明例

教師 The army destroyed the town. は他動詞 destroy を使った正しい文で、日本語でも「軍隊が街を壊した。」と言えますね。でも *The town destroyed. とは言えません。なぜかわかりますか？

学習者 destroy は他動詞で、後ろに目的語が必要だからです。

教師 そのとおりです。言い換えると、destroy は自動詞用法がないため、誤りなのです。

(20) 他動詞・自動詞両方で使われる動詞
    drop（〜を落とす・落ちる）の例
    他動詞用法：Ann dropped her computer.
        （Ann はコンピュータを落とした。）
    自動詞用法：Many apples dropped during the night.
        （夜の間に沢山のリンゴが落ちた。）

　指導 Stage 1 での高校生への指導は、ここまでで終了です。以下は引き続き大学生への指導となります。

④（ペアワーク）例文カードの分類
（大学生）

　大学生用では、教師は例文カードのセットを作成します。他動詞、自動詞、自他両用動詞を使った文を 1 カードに 1 文ずつ載せます（合計 20 文程度）。使う動詞は、たとえば他動詞は accept（〜を受け入れる）、bring（〜をもたらす）、destroy（〜を壊す）、introduce（〜を紹介する）、use（〜を使う）。自動詞は appear（現れる）、arrive（着く）、fall（落ちる）、laugh（笑う）、listen（聴く）。自他両用動詞は burn（〜を燃やす・燃える）、close（〜を閉める・閉まる）、drop（〜を落とす・落ちる）、open（〜をあける・あく）、roll（〜を転がす・転が

る）などがよいでしょう。自他両用動詞は、2種類（他動詞用法と自動詞用法）の例文を作成します。

　このカードのセットを各ペアに1組ずつ配布します。(21) に例文カードの例を示します。

(21)　使用する例文カードの例

　　他動詞の例：| The author introduced his new book. |

　　自動詞の例：| Taro arrived at the airport by taxi. |

　　自他両用動詞　他動詞用法の例：| The man burned his notebooks. |

　　　　　　　　　自動詞用法の例：| Dry paper burns easily. |

　2種類のペアワークを行います。1つ目は、例文カードにある英語の動詞（例：他動詞：accept、bring、destroy、introduce、use、自動詞：appear、arrive、fall、laugh、listen、自他両用動詞：burn、close、drop、open、roll）を使った文を「他動詞用法」と「自動詞用法」の2つのグループに分類するよう指示します。学習者は、「他動詞」と「自動詞」だけではなく、同じ動詞であっても「他動詞用法」と「自動詞用法」の両方の例文カードがあることに気づき、「自他両用動詞」があることに気づきます。

　2つ目は、例文カードで示した動詞が (18) で説明した「他動詞」「自動詞」「自他両用動詞」の3つの分類のどれに当てはまるかを知るため、1つ目のペアワークで「他動詞用法」と「自動詞用法」に分けてある例文カードを、「他動詞」「自動詞」「自他両用動詞」の3つの分類に基づいて分けるよう指示します。

●教師による例文カード分類時の問いかけ例

　教師　例文カードを他動詞用法と自動詞用法の2つのグループに分けることができましたね。皆さんが持っている例文カードには、他動詞用法と自動詞用法どちらにも使われている

自他両用動詞があります。それでは、ペアの人と自他両用
動詞を探してみてください。

学習者　（他動詞と自動詞用法の例文カードから自他両用動詞を探す）

教師　自他両用動詞が見つかりましたか？では、2つのグループ
に分けてある例文カードを、他動詞、自動詞、自他両用動
詞の3つのグループに分けてみましょう。

⑤（教師による説明）**各分類に属する動詞について説明する**
（大学生）

　例文カードで使用した他動詞、自動詞、自他両用動詞について、
それぞれに属する動詞の説明をします。（22）は自他両用動詞 roll
の例です。他動詞用法と自動詞用法の例文を示し、かつ対応する日
本語も示します。

（22）　自他両用動詞：roll（～を転がす・転がる）の例

　　　（他動詞用法）Tom rolled a ball.

　　　　　　　　　（Tom はボールを転がした。）

　　　（自動詞用法）The big rock rolled slowly.

　　　　　　　　　（大きな岩はゆっくり転がった。）

●教師による自他両用動詞の説明例

教師　自他両用動詞 roll を使った例文を見てみましょう。他動詞用
法の例は Tom rolled a ball. で、日本語では「Tom はボール
を転がした。」と言えます。他動詞用法なので、動詞 roll の
後ろに a ball という目的語がありますね。一方で、自動詞用
法の例は The big rock rolled slowly. で、日本語では「大き
な岩がゆっくり転がった。」と言えます。自動詞用法なの
で、動詞 roll の後ろに目的語はありません。

指導 Stage 2 では、他動詞・自動詞・自他両用動詞についての理解を促す指導を行います。日本語を活用したペアワークを通して、日本語においても英語と同じく他動詞・自動詞・自他両用動詞があることを学習者自らに気づかせることを目的とします。

---

① (ペアワーク) 他動詞・自動詞・自他両用動詞を使った文の口頭産出
本ペアワークは、高校生用と大学生用で異なります。
(高校生)

他動詞・自動詞・自他両用動詞を使用した文を口頭で産出する練習をします。この練習はペアで行い、ここでは説明上、ペアの2人の名前をAさんとBさんとします。(23)と(24)は自他両用動詞を用いた口頭産出練習の例です。ペアの2人に異なるワークシート(Aさん用とBさん用)を配ります。Aさん用のワークシートには、状況場面の説明が日本語で書かれ、自他両用動詞を用いた文が日本語と英語で書かれています。一方、Bさん用のワークシートにも、状況場面の説明が日本語で書かれていますが、関係する英単語が正しい語順を変えて並べられています。

(23)　口頭産出練習の例：自他両用動詞 open、他動詞用法
　　　Aさん　（文脈）長時間部屋を閉めきっていたため、Sam は暑くて汗をかきました。そのため
　　　　　　　（日本語）Sam は窓をあけました。
　　　Bさん　（英語）opened / Sam / the window /.
　　　　　　　　　　　　　　↓
　　　　　　　（正答：Sam opened the window.）

(24)　口頭産出練習の例：自他両用動詞 open, 自動詞用法
　　　Aさん　（文脈）箱をしばっているヒモを切りたいので、はさ

みを持ってきました。その結果、

（日本語）箱は簡単にあきました。

B さん　（英語）opened / easily / the box /.

↓

（正答：The box opened easily.）

　手順は次の通りです。① A さんは、文脈と日本語を読みます。② B さんは、A さんが発した日本語について、与えられた英単語を並べ替えて、A さんに（例：(23) Sam opened the window. / (24) The box opened easily.）と言います。③ A さんは、B さんが発話した文が正しいか否かを B さんに伝えます。

　この練習を、5 個程度の他動詞、5 個程度の自動詞、5 個程度の自他両用動詞を用いて行います。たとえば他動詞は、accept（〜を受け入れる）、destroy（〜を壊す）、invite（〜を招待する）、respect（〜を尊敬する）、use（〜を使う）、自動詞は、appear（現れる）、arrive（着く）、fall（落ちる）、laugh（笑う）、swim（泳ぐ）などがよいでしょう。自他両用動詞は、burn（〜を燃やす・燃える）、drop（〜を落とす・落ちる）、open（〜をあける・あく）、roll（〜を転がす・転がる）、start（〜を始める・始まる）などが良いでしょう。次に、A さんと B さんの役割を交代して行い、合計 10 分程度を目安に練習します。

（大学生）

　大学生向けには、上記のペアワークの難易度を上げるため、高校生用で用いたワークシートの内容を変えます。高校生用は、「単語の並べ替えによる文作成」→「口頭産出練習」の流れでした。大学生用は、(25) と (26) に示すように、「学習者自身による文作成」→「口頭産出練習」の流れとなります。つまり、(25) と (26) の太字の部分が高校生と違うところで、ペアの 1 人である B さんは与えられた主語を使って、自分で英文を作ります。その他の手順は高校生用と同じです。

(25)　口頭産出練習の例：他動詞用法

　　Aさん　（文脈）長時間部屋を閉めきっていたため、Samは暑
　　　　　　　　くて汗をかきました。そのため、
　　　　　　　（日本語）Samは窓をあけました。

　　Bさん　（英語）**Sam**　　　　　　　　　　　　　　．
　　　　　　　　　　　　　　↓
　　　　　　　（正答：**(Sam) opened the window.**）

(26)　口頭産出練習の例：自動詞用法

　　Aさん　（文脈）箱をしばっているヒモを切りたいので、はさみ
　　　　　　　　を持ってきました。その結果、
　　　　　　　（日本語）箱は簡単にあきました。

　　Bさん　（英語）**The box**　　　　　　　　　　．
　　　　　　　　　　　　　　↓
　　　　　　　（正答：**(The box) opened easily.**）

② （教師による説明）文の構造の確認

（高校生・大学生　共通）

　教師が他動詞・自動詞・自他両用動詞を使った文の構造を学習者に確
認するため、再度説明します。①の練習問題に出てきた動詞（例：accept,
destroy, invite, respect, use, appear, arrive, fall, laugh, swim, burn, drop, open, roll,
start）が、他動詞・自動詞・自他両用動詞のどの動詞の区分に当てはま
るか、(27b) や (27c) のように例文を見せて説明します。

(27)　文の構造の説明例

　　a.　文の構造：　他動詞用法：　主語　＋　動詞　＋　目的語
　　　　　　　　　　自動詞用法：　主語　＋　動詞
　　b.　例：他動詞 accept（〜を受け入れる）

Hanako accepted a job offer.

（花子は仕事のオファーを受け入れた。）

c.　例：自動詞 appear（現れる）

Suddenly, a rainbow appeared in the sky.

（突然、虹が空に現れた。）

●教師による自動詞を使用した文の説明例

教師　ペアワークでは、どのような自動詞が使われていましたか？

学習者　appear、arrive、fall、laugh、swim です。

教師　そのとおりです。では、自動詞 appear（現れる）を使った文を見てみましょう。A rainbow appeared in the sky. は、日本語では「虹が空に現れた。」と言えますね。目的語はありますか？

学習者　目的語はありません。

教師　そうですね。自動詞用法は、主語、動詞が必要で、目的語は必要ありません。

●　**指導 Stage 3：主語名詞句の有生性を中心に指導する**

　指導 3 回目では、主語の有生性について理解を促す指導を行います。つまり、主語には有生物名詞句と無生物名詞句の両方を置くことができることを教えます。

---

① **（ペアワーク）有生物名詞句と無生物名詞句の分類**

　　（高校生・大学生 共通）

　主語名詞句は、有生物名詞句と無生物名詞句の両方が使われることへの気づきを高めるためのペアワークを行います。(28) のように、たとえば自他両用動詞 close を用いて、主語が有生物名詞句と無生物名詞句の文をそれぞれ例示します。(28a) 〜 (28d) で示す 4 つの文の主語に注目させ、ペアで主語の特性を 2 つに分類するよう指示を出します。

(28)　他動詞用法　a.　<u>Taro</u> closed the windows.

（太郎は窓を閉めた。）

b.　<u>Several rocks</u> closed the road for two days.

（複数の岩が 2 日間道路を塞いだ。）

自動詞用法　c.　<u>We</u> will close in five minutes.

（私たちは 5 分で閉店する。）

d.　<u>The library</u> closes at 9 p.m. on Fridays.

（図書館は、金曜日は午後 9 時に閉まる。）

●教師による指示の例

教師　今日は、主語の特徴に注目します。他動詞用法と自動詞用
法共に使われる close（〜を閉める・閉まる）を使った 4 つ
の例文を見てください。これらの文の主語 Taro、Several
rocks、We、The library を見て、何らかの基準を決めて、
2 つのグループに分けてみましょう。ペアの人と話し合っ
て考えてください。

② （教師による説明）有生物名詞句と無生物名詞句

（高校生・大学生 共通）

（29）のように、教師は主語が有生物名詞句（Taro, We）と無生物名
詞句（several rocks, the library）に分類できることを説明します。そし
て「文の主語には、他動詞用法、自動詞用法ともに有生物名詞句と
無生物名詞句がなることができる」と説明します。

(29)　有生物名詞主語：（他動詞用法）<u>Taro</u> closed the windows.

（太郎は窓を閉めた。）

（自動詞用法）<u>We</u> will close in five minutes.

（私たちは 5 分で閉店する。）

無生物名詞主語：（他動詞用法）<u>Several rocks</u> closed the road for two days.

（複数の岩が 2 日間道路を塞いだ。）

（自動詞用法）<u>The library</u> closes at 9 p.m. on Fridays.

（図書館は、金曜日は午後 9 時に閉まる。）

●教師による主語の特徴の説明と学習者の反応例

教師 4 つの文の主語 Taro、Several rocks、We、The library をどのように 2 つに分類できましたか？

学習者 Taro、We と Several rocks、The library です。

教師 どうしてその 2 つに分けたのですか？

学習者 Taro と We は人で、Several rocks と The library は人ではないからです。

教師 そうですね。Taro や We のように人などの生き物を表す名詞句と Several rocks や The library のように生き物ではないものを表す名詞句に分けることができますね。そして、どちらの名詞句も主語になることがわかります。これまで他動詞、自動詞、自他両用動詞について勉強してきましたが、これらの動詞を用いた主語に注目してみると、他動詞用法でも自動詞用法でも生き物を表す名詞句も生き物ではないものを表す名詞句も共に主語になれるということに気づきます。

③（教師による説明）日本語母語の英語学習者における誤りの説明
（高校生・大学生 共通）

教師は、学習者が動詞の用法でどのような誤りをするのかを示します。つまり、（30a）自動詞 disappear、（30b）自他両用動詞 open を用いた文のように、「自動詞用法で主語が無生物名詞句の文」は文

法的に正しくないと判断して (30c)、(30d) のように受動態にする
ことを好む学習者が多いこと、しかし (30a)、(30b) のような自動
詞用法は文法的に正しいことを説明します。

(30)　誤り例

　　　自動詞用法・無生物主語：a.　The moon <u>disappeared</u> behind the
　　　　　　　　　　　　　　　　　cloud.
　　　　　　　　　　　　　　　b.　The can <u>opened</u> easily.
　　　　　　　↓　学習者：文法的に誤りだと判断
　　　受動態：c.　*The moon <u>was disappeared</u> behind the cloud.
　　　　　　　　d.　The can <u>was opened</u> easily.

●教師による学習者の誤りについての説明例
　教師　英語学習者である皆さんが、どのような誤りをしてしまうの
　　　　かを見てみましょう。The moon disappeared behind the cloud.
　　　　と The can opened easily. は、正しい文だと思いますか？
　学習者　正しいと思います。/ 正しくないと思います。
　教師　この 2 つの文は、自動詞用法で生き物ではないものを表す
　　　　名詞句を主語に持つ文で、自動詞 disappear も自他両用動詞
　　　　open も正しい用法で使われています。でも、英語を学ぶ多
　　　　くの皆さんは、この 2 つの文を誤りであると判断してしまい
　　　　ます。そして *The moon was disappeared behind the cloud. や
　　　　The can was opened easily. のように受動態にしようとしま
　　　　す。先ほど説明したように、The moon や The can のような
　　　　生き物では無い名詞句も主語になることができますので覚
　　　　えておいてください。また disappear のような自動詞は、受
　　　　動態では使われませんから誤りですので気をつけましょう。

第3回目での高校生への指導はここまでで終了です。以下は引き続き、大学生への指導となります。

---

④（ペアワーク）自動詞用法と受動態の違いについての話し合い
（大学生）

③で説明した学習者の傾向について、さらに深く考えるペアワークを行います。教師は (31) のように、文脈「缶をあけたかったので、缶切りを持ってきました。その結果」を提示します。そして自他両用動詞を使った自動詞用法 (31a) The can opened easily. と受動態 (31b) The can was opened easily. では、どちらのほうがより文脈にあっているかをペアで話し合わせます。

(31)　自他両用動詞 open を用いた文脈と例文
　　（文脈）缶をあけたかったので、缶切りを持ってきました。
　　　　　　その結果
　　（英語）a.　The can opened easily.
　　　　　　b.　The can was opened easily.

ペアでの話し合い後、教師は学習者が自動詞用法と受動態の意味の違いに気づくことができるように説明します。つまり教師は、自動詞用法 The can opened easily. では、「缶があく」ということを、缶自ら引き起こしているかのように解釈できると説明します。缶切りを持ってきた結果、缶があいたという状態を示す際には自動詞用法は自然です。

一方で受動態 The can was opened easily. では、缶切りを持ってきて缶をあける人が存在し（文末に by someone を付けることができます）、その存在が「缶があく」という状態に変化させていると解釈できると説明します。

●教師による自動詞用法と受動態の違いの説明例

教師 自他両用動詞 open は、自動詞用法も受動態もどちらも文法
的に正しい文です。では、缶をあけるために缶切りを持って
きた後 The can opened easily. と聞くのと、The can was opened
easily. と聞くのでは、どのような違いがあると思いますか？
ペアの人と話し合ってみましょう。

学習者 （ペアで話し合い、意見を述べる）

教師 The can opened easily. は、缶自体が、缶が持つ力を使ってあ
く感じがしませんか？それに対して、The can was opened
easily. では、缶切りを持ってきた人が意図的に缶をあけて
いることがわかると思います（可能であれば 2 枚のイラストで
見せる）。

まとめ

　本章では、言語学および第二言語習得の研究成果を基に、動詞の 3 区
分とその用法について、教師が持つべき言語学的知識と指導の内容、方
法を提示しました[17]。教師は、動詞の 3 区分、文の構造、主語の特徴（有
生性）についての知識を持って指導を行うことで、学習者の動詞への深い
理解に繋げることができるでしょう。特に習得が難しい自動詞用法で無
生物主語を伴う文について、学習者に正しい知識を教えることが重要で
す。教室環境での限られた時間の中で本英文法指導を行うためには、教
師は例文を多く提示して学習者の日本語の知識を活用すること、そして
学習者による誤り例を説明して効率よく進めることが大切だと考えます。

---

[17] 　自他両用動詞の構造に対する本指導の効果（大学生用）については、大瀧・白畑
(2018) を参照ください。

● 参照文献

Becker, M.（2014）. *The acquisition of syntactic structure: Animacy and thematic alignment*. Cambridge: Cambridge University Press.

原口庄輔・中村捷・金子義明（編）(2016).『増補版 チョムスキー理論辞典』東京：研究社.

影山太郎（1996）.『動詞意味論』. 東京：くろしお出版.

近藤隆子（2019）.「第二言語学習者による自動詞の習得」白畑知彦・須田孝司（編）『第二言語習得研究モノグラフシリーズ 3　言語習得研究の応用可能性——理論から指導・脳科学へ』(pp. 31–68). 東京：くろしお出版.

近藤隆子（2014）.「第二言語習得における他動詞の誤り：自動詞構造の過剰般化」『中部地区英語教育学会紀要』*43*, 65–72.

大瀧綾乃・白畑知彦（2018）.「英語能格動詞の構造に関する明示的文法指導の効果：明示的文法指導の指導内容に焦点を当てて」『教科開発学論集』*6*, 47–57.

Otaki, A., & Shirahata, T.（2017）. The role of animacy in the acquisition of ergative verbs by Japanese learners of English. *Annual Review of English Language Education in Japan 28*, 177–192.

白畑知彦（2015）.『英語指導における効果的な誤り訂正——第二言語習得研究の見地から』東京：大修館書店.

白畑知彦・近藤隆子・小川睦美・須田孝司・横田秀樹・大瀧綾乃（2020）.「日本語母語話者による英語非対格動詞の過剰受動化現象に関する考察：主語名詞句の有生性と動詞の完結性の観点から」白畑知彦・須田孝司（編）『第二言語習得研究モノグラフシリーズ 4　第二言語習得研究の波及効果——コアグラマーから発話まで』(pp. 31–55). 東京：くろしお出版.

CHAPTER **3**

派生接辞の特徴とその指導法

田村知子

＼ **困っているのは、こんなこと** ／

基本単語なのに、なかなか覚えられない生徒がいます。また
単語はたくさん知っているほうが役に立つわけですが、覚え
るのに苦労しますね。そこで、派生語の知識を生かした教え
方について提案したいと思います。派生語とは、unhappy や
player のように、派生接辞が付いた語を指します。語彙の多
くは派生語であるため、派生接辞を指導することによって、
生徒の語彙をより効率的に増やすことができると考えられる
からです。

はじめに

　本章では、最初に英語と日本語の派生語（derived word）と派生接辞
（derivational affix）の特徴を簡潔に説明します。次に、英語の派生接辞を
どのように指導していけばよいか、上記の知識に基づき、中・高・大の
段階別指導法を提案します。派生接辞とは、たとえば un- や -er などの
ように、語に付いて意味や品詞を変える接辞のことです。派生語とは、
unhappy や player のように、派生接辞が付いた語を指します。これらの
基礎知識を教師が持つことは、生徒に語彙を指導する上で必要です。語
彙の多くは派生語であるため、派生接辞を指導することによって、生徒
の語彙をより効率的に増やすことができると考えられるからです。

● **形態素**

　形態素（morpheme）ということばから始めましょう。語は 1 つまたは
それ以上の形態素から成り立っています。形態素は、意味を持つ最小単
位のことです。たとえば、unhappy は un-（「否定」という意味）と happy
（「幸せ」という意味）の 2 つの形態素からできています。

　形態素には、自由形態素（free morpheme）と拘束形態素（bound
morpheme）の 2 種類があります。自由形態素とは、文の中で単独で使う
ことのできる形態素です。たとえば、(1a) の playing の play はそれ自
体、単独で使えるので自由形態素です。同様に、(1b) の unfriendliness
の friend も自由形態素です。

　これに対して拘束形態素は、それ自体では単独で使えず、必ず他の形態
素に付かなければなりません。たとえば、(1a) の playing の -ing は拘束形
態素です。同様に、unfriendliness の un-、-ly、-ness も拘束形態素です。

(1)　a.　playing:　　　play（自由形態素）

　　　　　　　　　　　-ing（拘束形態素）

　　　b.　unfriendliness:　friend（自由形態素）

　　　　　　　　　　　un-, -ly, -ness（拘束形態素）

● **語構造**

　形態素のうち、その語の中心的な意味を持つものを語根（root）と呼び
ます。たとえば、(2) の unfriendliness では friend が意味の中心となる
ので語根です。

(2)　unfriendliness:　friend（語根）

　語根の前または後ろに付く拘束形態素が接辞（affix）です。たとえば、

（3a）では playing の -ing、（3b）では unfriendliness の un-、-ly、-ness が
接辞です。

(3) a. playing: -ing（接辞）
     b. unfriendliness: un-, -ly, -ness（接辞）

接辞を付けることができる形を基体（base）と呼びます。たとえば、（4）の
unfriendliness では、friend が接辞 -ly の付く基体です。また同時に friendly
も接辞 un- が付く基体で、unfriendly も接辞 -ness が付く基体です。

(4)   unfriendliness:
       friend   -ly が付く基体（または語根）
       friendly   un- が付く基体
       unfriendly -ness が付く基体

基体と語根の共通点は、いずれも接辞を付けられることです。違い
は、基体がさらに分解できる場合があるのに対し、語根はそれ以上分解
できないという点です。たとえば、（4）で接辞 un- がさらに付加できる
friendly は、friend と -ly に分解でき、接辞 -ness がさらに付加できる
unfriendly も、un-、friend、-ly に分解できるので基体です。しかし、分
解できるがために語根とは言えません。一方、接辞 -ly が付く friend
は、これ以上分解できないので、基体であると同時に語根ということに
なります。つまり、「friendly：基体、unfriendly：基体、friend：基体／
語根」となります。

● 接辞の種類

接辞には、屈折接辞（inflectional affix）と派生接辞の 2 種類があります。
屈折接辞は、複数形、人称、時制、格などの文法的な機能を語に与える
接辞です。たとえば、進行形 -ing（例：playing）、複数形 -s（例：friends）、

三単現 -s（例：plays）や過去形 -ed（例：played）などが屈折接辞と呼ばれるものです。

　一方、派生接辞は、その語の意味や品詞を変えて新しい語を作る接辞です。たとえば、（5a）の honest に dis- を付けると否定の意味になります。（5b）の read に付いた -er も、動作主（動作をする人・もの）の意味を加え、語の品詞を動詞から名詞に変えます。

（5）　a.　honest　　　→　　　dishonest
　　　　　誠実な　　　　　　　不誠実な
　　　b.　read（動）　　→　　　reader（名）
　　　　　読む　　　　　　　　読者

　接辞はまた、付く位置によって接頭辞（prefix）と接尾辞（suffix）に分類できます。接頭辞とは、文字どおり語の前に付く接辞で、その語の意味を変えますが、品詞は基本的に変えません。たとえば、un-、pre-、inter- などは接頭辞で、それぞれ「否定」「前」「あいだ」の意味を語に加えます。(6a) で、kind の前に付いた接頭辞 un- は、「親切な」という意味から「不親切な」という意味に変わりますが、品詞は形容詞のままで変わりません。

　一方、接尾辞は語の後に付く接辞です。たとえば、-ly、-ness、-ful などは接尾辞です。接尾辞には、主に語の品詞を変える働きがあり、たとえば（6b）で friend の後に付いた接尾辞 -ly は、名詞 friend を形容詞 friendly に変えています。

（6）　a.　kind（形）親切な　　→　　　unkind（形）不親切な
　　　b.　friend（名）友人　　→　　　friendly（形）友好的な

　以上で述べた屈折接辞／派生接辞と接頭辞／接尾辞の関係を表すと、図1のようになります。屈折接辞には接尾辞しかありませんが、派生接辞には接頭辞と接尾辞の両方があります。

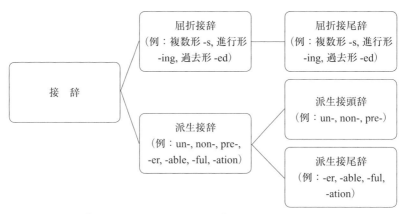

図1 「屈折接辞／派生接辞」と「接頭辞／接尾辞」の関係

　学習者の母語が日本語であれば、教師は英語と同時に日本語の派生語の構造に関する知識も持つべきでしょう。なぜなら、日本語を母語とする英語学習者（Japanese learners of English: 略して JLEs）は、日本語の派生語の構成について直観的な知識を持っており、第二言語である英語の派生語を学習する際に、日本語の知識を利用できる可能性が高いと思われるからです。

　日本語と英語の派生語を見てみると、構造が似ていることがわかります。たとえば(7a) では、接尾辞「的」が「協力」に付いて、派生語「協力的」を形成しています。また、この「協力的」に接頭辞「非」が付くと、派生語「非協力的」となります。(7b) では、接頭辞「お」が「金持ち」に付いて「お金持ち」となり、これに接尾辞「風」が付いて、「お金持ち風」を派生しています。

(7) a. ［非 − ＋［協力 ＋ −的］］

　　 b. ［［お − ＋ 金持ち］＋ −風］

日英の派生語にはこのような構造上の共通点があるため、英語の派生語を指導する際には日本語と比較しながら教えると、学習者のことばに対する意識（メタ言語意識）が高まり、理解も深まることが期待されます。

● 接辞の規則性

　接辞は、規則性（regularity）のあるものと、規則性のないものに分けられます。規則性のある接辞とは、基体に付いてもその音や形を変えない接辞のことです。たとえば、(8a) の接辞 non- は基体 fiction に付くと nonfiction となりますが、接辞が付いた後も fiction の音や形は変わりません[1]。同様に、un- を happy に付けた unhappy でも、happy に変化はありません。-er を work に付けた worker や、-ish を child に付けた childish でも、やはり work や child の音や形が変わることはありません。これらはすべて、規則性のある接辞ということになります。

　一方で規則性のない接辞とは、基体に付くとその音や形が変わる接辞のことです。たとえば、(8b) の接辞 -ion が基体 perceive に付くと perception となり、基体の音や形が変わります。describe に付いた場合も description となり、基体の音と形が変化します。-y も同様で、diplomat に付くと diplomacy、pirate に付くと piracy となり、いずれも基体に変化が起こるので、規則性のない接辞ということになります。

(8)　a.　規則性のある接辞の例

non-:	fiction	→	non<u>fiction</u>
un-:	happy	→	un<u>happy</u>
-er:	work	→	<u>worker</u>
-ish:	child	→	<u>child</u>ish

---

[1]　接辞 non- は、基体との間にハイフンを用いる場合（例：non-fiction）と用いない場合（例：nonfiction）があります。これには個人差や地域差があり、有無の基準は必ずしも明確ではありませんが、原則として基体が大文字で始まる語であれば、ハイフンが必要です（例：non-Japanese）。

b. 規則性のない接辞の例

-ion:	perceive	→	perception
	describe	→	description
-y:	diplomat	→	diplomacy
	pirate	→	piracy[2]

● **習得困難度順序**

　第二言語習得の分野で、派生語や派生接辞に関して教師が知っておくとよいのが、習得困難度順序（acquisition/difficulty order）の存在です。特に、母語習得の分野では、1970 年代を中心に英語の文法形態素の習得には一定の順序があることが明らかにされてきました。また、第二言語習得にも困難度順序があることが、多くの研究者によって指摘されています。

　このような研究で調査されてきた文法形態素には、53 ページで述べた屈折接辞（進行形 -ing、複数形 -s、三単現 -s や過去形 -ed など）が含まれます。一方、派生接辞の習得困難度順序については、屈折接辞に比べて学習者の発話からデータを適切に収集しにくいということもあり、あまり調査されてきていません。とは言え、これまでの研究には、英語を母語として獲得する子どもと第二言語学習者全般を対象とした Bauer & Nation（1993）、そして日本語を母語とする英語学習者（JLEs）を対象とした Mochizuki & Aizawa（2000）や田村・白畑（2018）などがあります。

　田村・白畑（2018）では、英語の接頭辞 22 種類と接尾辞 55 種類を実験項目として実証研究を行いました。調査の結果、接頭辞については表 1、接尾辞については表 2 に示すような習得困難度順序が得られました。

　接頭辞の困難度順序では、最も習得が易しいのが non-、hyper-、semi- で、逆に最も難しいのが inter-、ex-、fore-、pro-、arch-、bi-、post-、ante-、circum-、sub- ということが判明しました。接尾辞では、最も易しいのが -ism で、最も難しいのが -i、-ly[(adj)]、-ward など 30 種類の接辞であるこ

---

[2]　Bauer & Nation（1993）

とがわかりました。したがって、派生接辞の指導では、このような習得困難度順序を考慮に入れる必要があるでしょう。以下にここまでの理論的背景のまとめをします。

理論的背景のまとめ

- 語は、形態素という最小単位から成り立っている。形態素には、文の中で単独で使えるもの（自由形態素）と単独では使えないもの（拘束形態素）がある。
- 語の中心的な意味を持つものを語根と言う。そして、その前後に付く拘束形態素が接辞である。また、接辞が付くことのできる形（語根を含む）を基体と言う。
- 接辞には、屈折接辞と派生接辞がある。また、接頭辞と接尾辞がある。屈折接辞と派生接辞、接頭辞と接尾辞は、いずれもその役割や性質が異なる。
- 英語と日本語では、派生語の構造が類似している。
- 派生接辞には、規則性のある接辞と規則性のない接辞がある。
- 派生接辞にも、習得困難度順序が存在する。

表1　田村・白畑（2018）に基づく JLEs の接頭辞習得困難度順序

	順位	接頭辞
易	1	**non-**(nonmetal), **hyper-**(hyperaggressive), **semi-**(semi-diameter)
	2	**pre-**(preaccept), **re-**(regenerate), **anti-**(antislavery)
	3	**un-**[(adj)](unconscious), **neo-**(neoimperialism), **un-**[(v)](untie)
	4	**counter-**(counterargument)
	5	**en-**(encage), **in-**(insecure)
難	6	**inter-**(interdependence), **ex-**(ex-soldier), **fore-**(forefoot), **pro-**(pro-American), **arch-**(archbishop), **bi-**(biannual), **post-**(postelection), **ante-**(anteroom), **circum-**(circumlunar), **sub-**(subaverage)

注：[(adj)] 形容詞に付加、[(v)] 動詞に付加

表2　田村・白畑 (2018) に基づく JLEs の接尾辞習得困難度順序

順位	接尾辞
1	**-ism**(imperialism)
2	**-ist**[(NFC)](landscapist), **-ly**[(adv)](virtually), **-eer**(puppeteer), **-er**(spectator), **-able**[(FC)](tolerable), **-most**(uppermost)
3	**-ful**(skillful), **-ition**(admonition)
4	**-ion**(perception), **-al**[(adj)](experimental)
5	**-able**[(NFC)](comparable), **-ally**(sympathetically), **-ways**(edgeways)
6	**-ation**(starvation)
7	**-ist**[(FC)](dogmatist), **-ence**(emergence)
8	**-ish**(elfish), **-ive**(persuasive)
9	**-ic**(metaphoric)
10	**-ment**(punishment), **-ous**(courageous), **-ness**(eagerness), **-ance**(appearance), **-ee**(examinee)
11	**-i**(Bangladeshi), **-ly**[(adj)](heavenly), **-ward**(homeward), **-ant**(applicant), **-ary**(fragmentary), **-atory**(recommendatory), **-esque**(statuesque), **-ory**(supervisory), **-ity**(humidity), **-en**[(adj)](ashen), **-dom**(gangsterdom), **-ize**(rationalize), **-ery**(bribery), **-th**[(n)](coolth), **-y**[(adj)](twiggy), **-y**[(n)](piracy), **-ite**(Tokyoite), **-ify**(glorify), **-en**[(v)](sicken), **-ess**(poetess), **-less**(effortless), **-hood**(knighthood), **-al**[(n)](betrayal), **-ship**(apprenticeship), **-wise**(crabwise), **-ette**(novelette), **-let**(owlet), **-ling**(pigling), **-age**(breakage), **-ent**(reminiscent)

易 ↑ 難

注：[(adj)] 形容詞を派生、[(v)] 動詞を派生、[(n)] 名詞を派生、
　　[(adv)] 副詞を派生、[(FC)] 基体の形を変える、[(NFC)] 基体の形を変えない

　理論的背景の内容をふまえ、ここからは派生接辞の段階別指導法の提案に入ります。①中学校低学年、②中学校高学年、③高校、④大学の4段階に分けて指導内容を考えます。

● 中学校低学年段階

　中学校低学年段階ではまず、①語には内部構造があることと、②日本語と英語の語構造には共通点があることの2点を指導します（図2）。たとえば、最初は日本語で、「無気力」は「無」と「気力」、「日本人」は「日本」と「人」から成り立っている、といった例を挙げます。その上で、英語でも nonstop が non- と stop から成り立っていることや、singer が sing と -er からできていることを説明します。具体的には、指導例1のような進め方で、質疑応答を行っていくとよいでしょう。

　例に用いる語は、中学校の教科書に出てくる語彙から選びます。また、付ける接辞も、規則性があって、長さの短い2〜3文字程度のものを選びます。筆者が提案するのは non- と -er の2つです。これらはいずれも表3と表4に示すように、筆者の行った接辞の習得困難度順序調査で習得の容易なランクに入っている接辞だからです。

1.　中学校低学年

> 1）語には内部構造がある
> 2）日英の語構造には共通点がある

【日本語】
無　　：無気力、無能力、無許可
人／者：日本人、芸能人、読者、参加者
【英語】
non-:　　nonstop, nonficiton
-er:　　　singer, reader, player, teacher
★規則性のある接辞

図2　中学校低学年段階での指導内容

■ 指導例1（中学校低学年用）

教師 この「無気力」「無重力」「無許可」という語を、それぞれ2つに分けてみてください。どう分けられますか？（→ペアワーク）

生徒AとB 「無気力」は「無」と「気力」、「無重力」は「無」と「重力」、「無許可」は「無」と「許可」に分けられます。

教師 そうですね。では、「日本人」「芸能人」や「読者」「参加者」はどうでしょう？（→ペアワーク）

生徒CとD 「日本人」は「日本」と「人」、「芸能人」は「芸能」と「人」に分けられます。

生徒EとF 「読者」は「読」と「者」、「参加者」は「参加」と「者」です。

教師 そうですね。こんな風に分けられるということは、つまり、これらの語がさらに小さい要素から成り立っているということですね。では次に、英語の単語を見てみましょう。nonstop と nonfiction は、それぞれどう分けられるでしょうか？（→ペアワーク）

生徒GとH nonstop は non- と stop、nonfiction は non- と fiction に分けられると思います。

教師 そのとおり。では、singer、reader、player、teacher はどうでしょう？（→ペアワーク）

生徒IとJ singer は sing と -er、reader は read と -er に分けられます。

生徒KとL player は play と -er、teacher は teach と -er だと思います。

教師 そう。日本語と同じように、英語もさらに小さい要素に分けられますね。では、他に英語のどんな語がどのように分けられるか、教科書の中から探して分けてみましょう。（→ペアワーク）

表 3　困難度順序を基に配列した接頭辞の段階別指導案：中学校低学年

	接頭辞：**non-**	
	順位	接頭辞
易	1	**non-(nonmetal)**, hyper-(hyperaggressive), semi-(semi-diameter)
難	6	

表 4　困難度順序を基に配列した接尾辞の段階別指導案：中学校低学年

	接尾辞：**-er**	
	順位	接尾辞
易	1	
↑	2	**-ist**[(NFC)](landscapist), **-ly**[(adv)](virtually), **-eer**(puppeteer),
↓		**-er**(spectator), **-able**[(FC)](tolerable), **-most**(uppermost)
難	11	

● **中学校高学年段階**

　中学校高学年の段階では、語には接辞が付くものがあり、接辞には接頭辞と接尾辞があることを教えます（図 3）。その際にはやはり、日本語と比較しながら指導します。たとえば、①日本語の「不幸せ」は「不」と「幸せ」からできており、「不」は「幸せ」の前に付くので接頭辞であること、また、②「日本人」は「日本」と「人」からできていて、「人」は「日本」の後に付くので接尾辞であることを教えます。

　次に英語の例を挙げ、たとえば① unhappy は un- と happy からできていて、un- は前に付くので接頭辞であることや、② singer は sing と -er からできていて、-er は後ろに付くので接尾辞であることを教えます。質疑応答の進め方については、指導例 2 を参照ください。

　この段階で指導する派生接辞は、規則性のある短めの接辞を中心に、語も教科書に出ているものを選びます。具体的には pre-、re-、-ism などで、これらはいずれも表 5 と表 6 に示すように、前述の習得困難度順序の調査で上位に入っている接辞です。

```
┌──────────────────────────────────────────────────────────┐
│  2. 中学校高学年                                          │
│  ┌────────────────────────────────────────────────────┐  │
│  │ 1) 語には、接辞が付くものがある                     │  │
│  │ 2) 接辞には、接頭辞と接尾辞がある                   │  │
│  └────────────────────────────────────────────────────┘  │
│  【日本語】                                               │
│  接頭辞　不幸せ、無気力、前払い                           │
│  接尾辞　日本人、印刷機                                   │
│  【英語】                                                 │
│  接頭辞　　un-:　　unhappy, unlucky                       │
│  　　　　　non-:　 nonstop, nonficition                   │
│  　　　　　pre-:　 prepay, pretest                        │
│  接尾辞　　-er:　　人　　　　　　　singer, reader         │
│  　　　　　-er:　　もの、機械　　　cooker, printer        │
│  　　　　　-ist:　 人　　　　　　　guitarist, violinist   │
│  　　　　　-ly:　　〜で、〜に　　　slowly, quickly        │
│  ★規則性のある接辞を中心に                               │
└──────────────────────────────────────────────────────────┘
```

図3　中学校高学年段階での指導内容

■ **指導例2（中学校高学年用）**

教師　この、「不幸せ」「無気力」「前払い」という語を、それぞれ2つ
　　　　に分けてみてください。（→ペアワーク）

生徒AとB　「不幸せ」は「不」と「幸せ」、「無気力」は「無」と「気
　　　　力」、「前払い」は「前」と「払い」に分けられます。

教師　では、「不」と「幸せ」のうち、「不幸せ」の意味の中心となる
　　　　のは、どちらだと思いますか？（→ペアワーク）

生徒CとD　「幸せ」かな？

教師　そうですね。ならば、「無気力」の「無」と「気力」のうち、意
　　　　味の中心となるのは？（→ペアワーク）

生徒EとF　「気力」です。

教師　そのとおりです。今、選んだ「幸せ」や「気力」のように、語
　　　　の意味の中心となる部分のことを、ちょっと難しいけど「基体」
　　　　と言います。基体に付く「不」や「無」は、「接辞」と言いま
　　　　す。語には、「幸せ」「気力」のように基体だけのものもあれば、

「不幸せ」「無気力」のように、基体に接辞が付くものもあるんです。では、同じように「日本人」と「印刷機」を、それぞれ基体と接辞に分けてみてください。（→ペアワーク）

生徒GとH　「日本人」は、「日本」が基体で、「人」が接辞かな。

生徒IとJ　「印刷機」は、「印刷」が基体で、「機」が接辞だと思います。

教師　そうですね。「日本人」では「日本」、「印刷機」では「印刷」が意味の中心になっているので基体ですね。「日本」に付く「人」や「印刷」に付く「機」は、接辞です。では、先ほど見た「不幸せ」「無気力」と、今見た「日本人」「印刷機」の接辞の位置に注目してください。どう違いますか？

生徒KとL　位置が逆です。「不幸せ」や「無気力」では接辞が前に付いていて、「日本人」や「印刷機」では後ろに付いています。

教師　そう。接辞には、基体の前に付くものと後ろに付くものがありますね。「不幸せ」の「不」や「無気力」の「無」のように、基体の前に付く接辞は「接頭辞」と言います。「日本人」の「人」や「印刷機」の「機」のように、後ろに付く接辞は「接尾辞」です。では、今度は英語の例を見てみましょう。英語の場合も、接辞が付く語があります。まずは次の14個の語を、それぞれ2つに分けてみてください。（→ペアワーク）

生徒MとN　unhappy は un- と happy、unlucky は un- と lucky に分けられます。

生徒OとP　nonstop は non- と stop、nonfiction は non- と fiction です。

生徒QとR　prepay は pre- と pay、pretest は pre- と test ですね。

生徒SとT　singer は sing と -er、reader は read と -er。

生徒UとV　cooker は cook と -er、printer は print と -er。

生徒WとX　guitarist は guitar と -ist、violinist は violin と -ist。

生徒YとZ　slowly は slow と -ly、quickly は quick と -ly。

教師　そのとおりです。では、このうち、前に付く接頭辞はどれでしょう？3つ挙げてください。

生徒aとb　un-、non-、pre- です。

教師　後ろに付く接尾辞は？

生徒cとd　-er、-ist、-ly です。

教師　正解です。日本語と同じように英語でも、接辞の付く語があること、また、接辞には前に付くものと後ろに付くものがあることがわかりましたね。では教科書の中から、接頭辞や接尾辞が付く他の語を探してみましょう。（→ペアワーク）

表5　困難度順序を基に配列した接頭辞の段階別指導案：中学校高学年

接頭辞：**hyper-, semi-, pre-, re-, anti-, un-$^{(adj)}$**		
	順位	接頭辞
易	1	non-(nonmetal), **hyper-(hyperaggressive), semi-(semi-diameter)**
↑	2	**pre-(preaccept), re-(regenerate), anti-(antislavery)**
↓	3	**un-$^{(adj)}$(unconscious)**, neo-(neoimperialism), un-$^{(v)}$(untie)
難	6	

表6　困難度順序を基に配列した接尾辞の段階別指導案：中学校高学年

接尾辞：**-ism, ist$^{(NFC)}$, -ly$^{(adv)}$**		
	順位	接尾辞
易	1	**-ism(imperialism)**
↑ ↓	2	**-ist$^{(NFC)}$(landscapist), -ly$^{(adv)}$(virtually)**, -eer(puppeteer), -er(spectator), -able$^{(FC)}$(tolerable), -most(uppermost)
難	11	

● **高等学校段階**

　3段階目の高校レベルでは、屈折接辞と派生接辞があることを教えます（図4）。屈折接辞なら、複数形 -s や進行形 -ing、過去形 -ed などの接辞があることを説明します。派生接辞については、接頭辞なら un- が新しい語 unhappy や unlucky を作り、接尾辞なら -able が eatable や washable を作ることを説明します（指導例3）。

```
┌─────────────────────────────────────────────────────┐
│  3.　高校                                             │
│                                                       │
│  ┌─────────────────────────────────────────┐        │
│  │  接辞には、屈折接辞と派生接辞がある          │        │
│  └─────────────────────────────────────────┘        │
│                                                       │
│  【屈折接辞】　文法的な役割を果たす接辞                  │
│  例）複数形 -s:　　apples, trees, books               │
│  　　進行形 -ing:　 eating, singing, playing           │
│  　　過去形 -ed:　　played, worked                    │
│  【派生接辞】　新しい語を作る接辞                        │
│  例）接頭辞                                            │
│  　　un-:　　unhappy, unlucky                         │
│  　　non-:　　nonstop, nonficition                    │
│  　　pre-:　　prepay, pretest                         │
│                                                       │
│  　　接尾辞                                            │
│  　　-er（人）：singer, reader                         │
│  　　-able（〜できる）：eatable, washable              │
│  　　-ful（〜に満ちた、〜でいっぱいの）：colorful, forgetful│
│  　　-ation（〜の動作、〜する・される状態、〜の結果）：examination, combination│
│                                                       │
│  ・主に規則性のある接辞                                 │
│  ・1 〜 2 個の接辞が付加した語（例：unkind, unkindness）  │
│  ・外来語として母語（日本語）に入っている接辞（主に接頭辞） │
│  　　　　　　　　　　　（例：non-, re-, -ist, -ism）     │
└─────────────────────────────────────────────────────┘
```

図 4　高校段階での指導内容

　指導する接辞は、主に規則性のあるものとします。また、ひとつの語の中に 1 種類だけでなく 2 種類の接辞が付いたもの（例：un- と -ness を付けた unkindness）や、外来語としてすでに日本語に入っている接辞（例：「ノンストップ」の non- や「リサイクル」の re-、「ピアニスト」の -ist など、主に接頭辞）も対象に含めます。

　田村・白畑（2018）での習得困難度順序結果を基にすれば、neo-、counter-、-ful などがお勧めです。これらはいずれも表 7 と表 8 に示すように、上位から中位のランクに入っている比較的習得の容易な接辞です。

▌指導例 3（高校用）

教師 この apples、trees、books などの -s は、何を表す接辞ですか？ be 動詞の後に続く eating、singing、playing の -ing や、主語の後に続く played、worked の -ed は、どうでしょう？（→ペアワーク）

生徒AとB -s は複数を表します。

生徒CとD -ing は、今、進んでいるとか、続いているということを表します。

生徒EとF -ed は過去を表します。

教師 そうですね。つまり、いずれも文法的な働きをしていますよね。では、次の接辞はどうでしょうか？ unhappy、unlucky の un-、nonstop、nonfiction の non-、prepay、pretest の pre- は？（→ペアワーク）

生徒GとH un- や non- が付くと、反対の意味になります。pre- は「前」という意味かな。

教師 そのとおりです。では、singer、reader の -er、eatable、washable の -able、colorful、forgetful の -ful、examination、combination の -ation は？（→ペアワーク）

生徒IとJ -er が付くと、人を表します。

生徒KとL -able が付けば、「～できる」という意味になります。

生徒MとN -ful は「いっぱい」という意味かな。

生徒OとP -ation は…よくわかりません。

教師 では、ヒントを出しましょう。examination の基になっている語は何ですか？ -ation を取り除いて、-e を付けてみると…

生徒OとP examine です。

教師 その意味は？

生徒OとP 「試験する」です。

教師 じゃあ、examination の意味は？

生徒OとP 「試験」です。

教師 意味は、-ation が付くと、どう変わっていますか？

生徒OとP　「〜する」という意味がなくなる？

教師　そう。つまり、-ation が付くと、「〜する」という動詞的な意味が、名詞的な意味になりますね。わかりやすく言えば、「〜すること」のようなニュアンスになるかな。実際に品詞も、examine という動詞から examination という名詞に変化していますよね。では、次の質問。今見た -er、-able、-ful、-ation や un-、non-、pre- は、さっきの -s、-ing、-ed とどう違うでしょう？（→ペアワーク）

生徒QとR　-s、-ing、-ed は文法的な接辞だけど、un-、non-、pre- や -er、-able、-ful、-ation はそうでもない？

教師　そのようですね。では、複数形や進行形にするといった文法的な働きをする代わりに、un-、non-、pre- や -er、-able、-ful、-ation は、元の語をどんな風に変えていますか？（→ペアワーク）

生徒SとT　元の語の意味や品詞を変えている？

教師　そのとおりです。接辞には、-s、-ing、-ed のように文法的な働きをするものと、un-、non-、pre- や -er、-able、-ful、-ation のように意味や品詞を変えるものがあるんです。文法的な働きをする接辞は「屈折接辞」、意味や品詞を変えるものは「派生接辞」と言います。では、他にどんな屈折接辞や派生接辞があるか、教科書の中から探してみてください。（→ペアワーク）

表 7　困難度順序を基に配列した接頭辞の段階別指導案：高校

接頭辞：neo-, un-$^{(v)}$, counter-, en-, in-		
	順位	接頭辞
易	1	
	3	un-$^{(adj)}$(unconscious), **neo-(neoimperialism)**, **un-$^{(v)}$(untie)**
	4	**counter-(counterargument)**
	5	**en-(encage)**, **in-(insecure)**
難	6	

表8　困難度順序を基に配列した接尾辞の段階別指導案：高校

接尾辞：-eer, -able ^(FC), -most, -ful, -ition, -ion, -al^(adj), -able ^(NFC), -ally, -ways, -ation

接尾辞：**-eer, -able $^{(FC)}$, -most, -ful, -ition, -ion, -al$^{(adj)}$, -able $^{(NFC)}$, -ally, -ways, -ation**

	順位	接尾辞
易	1	
	2	-ist$^{(NFC)}$(landscapist), -ly$^{(adv)}$(virtually), **-eer(puppeteer)**, -er(spectator), **-able $^{(FC)}$(tolerable), -most(uppermost)**
	3	**-ful(skillful), -ition(admonition)**
	4	**-ion(perception),** -al$^{(adj)}$**(experimental)**
	5	**-able $^{(NFC)}$(comparable), -ally(sympathetically), -ways(edgeways)**
	6	**-ation(starvation)**
難	11	

● 大学（一般教養課程）段階

　4段階目の指導は、大学の一般教養課程レベルのものです。この段階では、高校までで学んだことを復習しつつ、接頭辞と接尾辞では付く位置に加えて性質も違うことを教えます。つまり、接頭辞は主に意味を変え、接尾辞は主に品詞（と場合によっては意味）を変えることを説明するのです（図5）。

　接頭辞なら、① un- は happy に否定の意味を加えるが、unhappy の品詞は happy と同じ形容詞のままであることや、② non- も fiction に否定の意味を加えるが、nonfiction の品詞は fiction と同じ名詞で変わらないこと、また、③ pre- も「前」という意味を加えるが、prepay となっても pay と同じ動詞であることを説明します。

　これに対して接尾辞では、たとえば① -er が sing や print の品詞を動詞から名詞に変え、singer なら「人」、printer なら「もの」という意味も加えること、また、② -ish も child の品詞を名詞から形容詞 childish に変えて、形容詞的な「〜らしい」という意味も付け加えることを教えます（指導例4）。

　この段階で指導する派生接辞には、規則性のあるものに加えて、規則

性のないもの（例：physicist の -ist のように、語の音と形を変える -ist）も含めます。また、2 種類以上の接辞が付いた語（例：un-, -ly, -ness が付いた unfriendliness）や、外来語として日本語に入っていない接辞（例：-ment や -ive など、主に接尾辞）も指導範囲に入れます。

　具体的な接辞として、inter-、ex-、-ish などが挙げられます。これらはいずれも表 9 と表 10 に示すように、習得困難度順序の調査で中位から下位に入っている接辞です。最下位の最も難しい接尾辞については、専門課程で指導すればよいでしょう。以上の中学校から大学までの派生接辞の段階別指導案をまとめれば、表 11 のようになります。

4.　大学（一般教養課程）

> 派生接辞のうち、接頭辞は主に意味を変え、
> 接尾辞は主に品詞（と意味）を変える

例）接頭辞
　　un-（否定）：　　happy (A) → unhappy (A)
　　non-（否定）：　 fiction (N) → nonficition (N)
　　pre-（前）：　　 pay (V) → prepay (V)
　　inter-（間）：　　national (A) → international (A)

　　接尾辞
　　-er（人）：　　　　　　　　sing (V) → singer (N)
　　-er（もの、機械）：　　　　print (V) → printer (N)
　　-ish（〜のような、〜らしい）：child (N) → childish (A)

・規則性のある接辞 + ない接辞（例：-ist$^{(FC)}$: physics → physicist）
・2 個以上の接辞が付加した語（例：unfriendliness）
・外来語として日本語に入っていない接辞（主に接尾辞）（例：-ment, -ive）

図 5　大学（一般教養課程）段階での指導内容

■ 指導例 4（大学・一般教養課程用）

教師 次の 4 つの例を見てください。接辞の un-、non-、pre-、inter- が付くと、語がそれぞれどう変わりますか？（→ペアワーク）

学生AとB un- や non- が付くと、反対の意味になります。

学生CとD pre- が付いた場合は、「前」という意味になります。

学生EとF inter- は…何だろう？

教師 基になっている語 national の意味は何ですか？　接辞が付いた international の意味は？

学生EとF national は「国家の」とか「国民の」、international は「国際的な、国家間の」という意味です。

教師 そう。つまり national は国内限定だけど、international は国と国の間というニュアンスがありますね。ということは？

学生EとF inter- が付くと、「間」という意味になるのかな？

教師 そうです。では、次の 3 つの例はどうでしょう？　接辞の -er や -ish が付くと、どう変わりますか？（→ペアワーク）

学生GとH sing に -er が付くと、「人」という意味になります。

学生IとJ print に -er が付いた場合は、「機械」「道具」「もの」みたいな意味になるのかな。

学生KとL childish の -ish は「〜っぽい」とか「〜らしい」？

教師 そうですね。では、基になっている語と接辞が付いた語の品詞にも注目してみてください。先ほどの un-、non-、pre-、inter- が付くと、品詞は変わっていますか？（→ペアワーク）

学生MとN 変わっていません。

教師 では、-er や -ish が付いた場合は？（→ペアワーク）

学生OとP 変わっています。

教師 どの品詞からどの品詞に？

学生OとP -er が付くと動詞が名詞に、-ish が付くと名詞が形容詞に代わります。

教師 そうですね。では、un-、non-、pre-、inter- のグループと -er、-ish

のグループで、他に大きく違う点は？（→ペアワーク）

学生QとR　接辞の付く位置が違います。un-、non-、pre-、inter- は前に付くけど、-ish は後ろに付きます。

教師　つまり、un-、non-、pre-、inter- は前に付く接頭辞で、-er、-ish は後ろに付く接尾辞ということですよね。接頭辞は意味を変えるけど、品詞は変えていません。一方、接尾辞は品詞を変えていて、さらにこの例のように、意味も変える場合があります。では、教科書の中から他の接辞の付いた語を探して、接頭辞なら意味をどのように変えているか、接尾辞なら品詞をどのように変えているか、辞書で調べながら考えてみましょう。（→ペアワーク）

表9　困難度順序を基に配列した接頭辞の段階別指導案：大学（一般教養課程）

接頭辞：inter-, ex-, fore-, pro-, arch-, bi-, post-, ante-, circum-, sub-		
	順位	接頭辞
易	1	
↑ ↓ 難	6	inter-(interdependence), ex-(ex-soldier), fore-(forefoot), pro-(pro-American), arch-(archbishop), bi-(biannual), post-(postelection), ante-(anteroom), circum-(circumlunar), sub-(subaverage)

表10　困難度順序を基に配列した接尾辞の段階別指導案：大学（一般教養課程）

接尾辞：-ist$^{(FC)}$, -ence, -ish, -ive, -ic, -ment, -ous, -ness, -ance, -ee		
	順位	接尾辞
易	1	-ism(imperialism)
	7	-ist$^{(FC)}$(dogmatist), -ence(emergence)
	8	-ish(elfish), -ive(persuasive)
	9	-ic(metaphoric)
	10	-ment(punishment), -ous(courageous), -ness(eagerness), -ance(appearance), -ee(examinee)

| | 11 | -i(Bangladeshi), -ly(adj)(heavenly), -ward(homeward), -ant(applicant), -ary(fragmentary), -atory(recommendatory), -esque(statuesque), -ory(supervisory), -ity(humidity), -en(adj)(ashen), -dom(gangsterdom), -ize(rationalize), -ery(bribery), -th(n)(coolth), -y(adj)(twiggy), -y(n)(piracy), -ite(Tokyoite), -ify(glorify), -en(v)(sicken), -ess(poetess), -less(effortless), -hood(knighthood), -al(n)(betrayal), -ship(apprenticeship), -wise(crabwise), -ette(novelette), -let(owlet), -ling(pigling), -age(breakage), -ent(reminiscent) |
| 難 | | |

表 11　JLEs のための派生接辞の段階別指導案：中学校〜大学

	指導事項	接頭辞	接尾辞
中学校 低学年	1) 語には内部構造がある 2) 日英の語構造には共通点がある	non-	-er
中学校 高学年	1) 語には接辞が付くものがある 2) 接辞には接頭辞と接尾辞がある	hyper-, semi-, pre-, re-, anti-, un-(adj)	-ism, -ist(NFC), -ly(adv)
高校	接辞には、屈折接辞と派生接辞がある	neo-, un-(v), counter-, en-, in-	-eer, -able(FC), -most, -ful, -ition, -ion, -al(adj), -able(NFC), -ally, -ways, -ation
大学 （一般教養課程）	派生接辞のうち、接頭辞は主に意味を変え、接尾辞は主に品詞（と意味）を変える	inter-, ex-, fore-, pro-, arch-, bi-, post-, ante-, cicum-, sub-	-ist(FC), -ence, -ish, -ive, -ic, -ment, -ous, -ness, -ance, -ee
大学 （専門課程）			-i, -ly(adj), -ward, -ant, -ary, -atory, -esque, -ory, -ity, -en(adj), -dom, -ize, -ery, -th(n), -y(adj), -y(n), -ite, -ify, -en(v), -ess, -less, -hood, -al(n), -ship, -wise, -ette, -let, -ling, -age, -ent

まとめ

　本章では英語と日本語の派生語と派生接辞に焦点を当て、教師のための基礎知識として、その特徴を説明しました。その上で、中・高・大の各段階でどのような派生接辞の指導をしていけばよいか、具体例を挙げて提案しました。また、指導の際には日英語を比較することによって、学習者のことばに対する意識と理解を深めることができる可能性を示唆しました。

● **参照文献**

Bauer, L., & Nation, P. (1993). Word families. *International Journal of Lexicography, 6*, 253–279. doi: 10.1093/ijl/6.4.253

Mochizuki, M. & Aizawa, K. (2000). An affix acquisition order for EFL learners: An exploratory study. *System, 28*, 291–304. doi:10.1016/S0346-251X (00) 00013-0

田村知子・白畑知彦 (2018).「日本語を母語とする英語学習者の派生接辞の習得難易度順序」白畑知彦・須田孝司 (編)『第二言語習得研究モノグラフシリーズ 2 語彙・形態素習得への新展開』(pp. 125–161) 東京：くろしお出版.

CHAPTER 4

英語代名詞の特徴とその指導法

白畑知彦

＼困っているのは、こんなこと／

テストの採点をしていると、Paul loved his mother. を「ポールは彼の母親を愛していた」と訳した答案。まあ、それほど悪くはないけれど、やはりちょっとヘンな日本語。John said that he ate sushi. も「ジョンは彼が寿司を食べたと言った」と訳すのもヘン。ここでは英語と日本語の代名詞の違いについて、そして教え方の工夫について考えていきましょう。

はじめに

　本章では英語の代名詞（pronoun）の指導法について考察していきます。代名詞は、読んで字のごとく、「名詞の代わりをすることば」です。英語は一度出てきた名詞句を繰り返し使用することを嫌う言語です。その代わりに、二度目からは代名詞が頻繁に使われるようになり、英語を使用する上で重要な働きをします。例を１つ見てみましょう。

(1) a.　I came across Ken at the railroad station yesterday. <u>He</u> said that <u>he</u> was going to watch a movie with <u>his</u> friends.

　　b.　^{??}I came across Ken at the railroad station yesterday. Ken said that Ken was going to watch a movie with Ken's friends.

　　　　（昨日、電車の駅で偶然にケンに会った。友だちと映画を見に行くのだと言っていた）

（1a）の 2 つ目の文にある、2 つの he と 1 つの his を、（1b）で示すように、Ken そして Ken's に変えると、英語では文がとても不自然になります[1]。このように、英語では代名詞が果たす役割は大きく、学習者はしっかりと使用できるようにならなければいけません。

　本章では、最初に教師の知っておくべき知識として、日本語と英語の代名詞の特徴を理論的にまとめます。次に、英語の代名詞を教えるにあたり、理論からの知見を活かしつつ、どのような工夫をすれば、その本質を学習者に教授できるのか提案していきます。ここで特に強調することは、日本語（母語）と英語（学習目標言語）という 2 つの言語への言語学的な気づきです。外国語を教える際に学習者の言語への意識を高めることは、外国語学習にとってとても重要だと筆者は考えるからです。

I　理論的背景

　英語の代名詞の全体像は、（2）で記すように、人称代名詞、指示代名詞、不定代名詞、疑問代名詞、そして関係代名詞の 5 つに分類されます。その中で、本章ではこれまでの英語の指導では十分に取り扱われてこなかったと筆者の感じている人称代名詞と不定代名詞について、理論的に説明し、その要点を整理していきたいと思います。

（2）　　英語の代名詞の下位区分
　　　a.　人称代名詞　　I, you, he, it, 等
　　　b.　指示代名詞　　this, that, such, 等
　　　c.　不定代名詞　　one, some, everyone, nobody, 等
　　　d.　疑問代名詞　　who, what, which, 等
　　　e.　関係代名詞　　who, which, that, 等

---

[1] 「??」は、「当該の文が非常に不自然である」ことを表わすのに使用します。

人称代名詞は、「人の代わりをすることば」であり、英語では I、you、he、she などがそれに当たります。この中には、基本的には人間の代わりはしませんが、it とその複数形の they も含めるのが一般的です。教える教師からすれば、人称代名詞は自身が中学 1 年生で習った文法項目でもあり、現在では小学校 3 年生で 1 人称 (I など) と 2 人称代名詞 (you など) を、そして、5 年生以降で 3 人称代名詞 (he や she など) を学習します。つまり、人称代名詞の大半は小学校で習う文法項目となりました。そして、he は「彼」、she は「彼女」、it は「それ」という意味であり、ほとんど難しいとは感じないかもしれません。

しかし、事はそんなに単純ではないのです。たとえば、(3) の例で、Taro loved his mother. を、「太郎は彼の母親を愛していた」と日本語に訳すと、何か違和感がありませんか？つまり、「彼の母親」は「太郎の母親」ではない気がしませんか[2]？この場合、his を「彼の」と訳すよりも、「自分」という言葉を使っている (3c) や、何も表現しない (3d) のほうが自然に感じるのではないでしょうか[3]？

(3) a. Taro loved his mother.
      b. 太郎は彼の母親を愛していた。
      c. 太郎は自分の母親を愛していた。
      d. 太郎は (φ) 母親を愛していた。

ということは、he は「彼」という日本語に必ずしも合致するわけではないということです。

英語と比較するため、次は日本語の人称代名詞について見ていきま

---

[2] もちろん、この his mother は、「太郎の母親ではない誰か他の男性の母親」という解釈も文法的には可能です。たとえば、「次郎の母親」という解釈です。

[3] 「φ (ファイ)」という記号は、「そこに要素がない」ということを表します。

しょう。まず、江戸時代に使用されていた人称代名詞と、明治以降の人称代名詞の体系を比較してみます。(4) と (5) を見てください[4]。

(4)　江戸時代の日本語の人称代名詞
　　a.　1 人称：おれ、わたくし、わたし、わし、それがし、みども
　　b.　2 人称：おまへ、おまへさん、きさま、あなた
　　c.　3 人称：あいつ、こいつ、そいつ
(5)　明治以降の日本語の人称代名詞
　　a.　1 人称：わたし、わたくし、おれ、ぼく
　　b.　2 人称：あなた、おまえ、きさま、きみ
　　c.　3 人称：かれ、かのじょ、かれら

(4) と (5) を比較してすぐに気づくことは、3 人称表現の大幅な変化です。江戸時代にはなかった「かれ」「かのじょ」「かれら」が明治以降に使用されるようになったのです。江戸時代の 3 人称表現の「あいつ」「こいつ」「そいつ」には性の区別がありませんでした。そのこともあり、男性と女性を区別する西洋語の人称代名詞、he/she などが日本語に入ってきたとき、訳語がなくて大変困りました。そして、取り急ぎ、「かれ」「かのじょ」という言葉を、he、she の訳語として用いるようになりました。「かのじょ」は当初「かのおんな」と言っていましたが、大正から昭和にかけて「かのじょ」と言われるようになりました。比較的新しい日本語なのです。

　「かれ」という言葉自体は、奈良時代にはすでに日本語に存在していました。そして、その本来の意味は、「遠くにあるもの」を指す指示代名詞だったのです。これを、遠称表現と呼びます。つまり、「あの人」という意味です。「かれ」＝「あの人」なのです[5]。では、「あの人」とい

4　神崎 (1994)

5　「たそがれ時」という言葉があります。暗くなってきた夕方の時刻のことを指します。

う言葉はどういうときに使うことができて、どういうときに使うことができないのでしょうか？英語の he とはどう異なるのでしょうか？以下で具体例を見ながら考えてみましょう。

(6)　2 人の会社員の会話

    a.　英語の例

      John:　Today, I met an old man. His name is Satoshi Takano.

      Ken:　I don't know him. Who is he?

    b.　日本語の例

      太郎　：　今日、高野智さんという御老人に会ったよ。

      ケン$_1$：$^{??}$彼は誰？ / $^{??}$誰、彼は？ / $^{??}$あの人は誰？

      ケン$_2$：　その人、誰？ / 誰、その人？ / 高野智さんって誰？

(6a) はとても自然な英語での会話です。Who is he? の使い方にも問題はありません。一方、(6b) の日本語の例からわかるように、he を「彼」と訳すと、非常に不自然な日本語になります。同様に、「あの人」と訳しても不自然になります。このことから、「彼」という言葉は「あの人」と同義であることがわかります。すなわち、「彼」は、話者 ((6b) の場合は、ケン) の知らない人について話す場合に使用すると不自然になるのです。日本語の 3 人称代名詞「彼」「彼女」は、「話し手にとって既知の人でなければならない」という使用上の制約があります。上の (6b) の場合、「彼」や「あの人」ではなく、話者の知らない人を言う場合に使用する「その人」と訳すか、he を訳出しないか、または個人名を繰り返すというのが日本語では自然な表現となります。一方で、英語の人称代名詞 he などにはそのような制約はなく（つまり、話し手がその人物について既知であっても未知であってもよい）、その前の会話の話題に出た

漢字を当てはめると「誰そ彼時」となります。つまり、「たそがれ」とは、「あの人は誰？」という意味なのです。遠くにいる人が誰だか見分けがつきにくくなる夕方の時刻、という意味です。

人物を指す、純粋に代名詞的な用法を持った表現なのです。

さらに、(7) の例を観察してみましょう。ここからわかることは、「彼」は「everyone などの不定代名詞を先行詞に取ることができない」という制約です[6]。

(7) 不定代名詞 (everyone 等) が先行詞になる例

 a. Everyone loves his/her mother.

 b. [??]誰もが 彼 (／彼女) の母親を愛している。

 c. 誰もが φ 母親を愛している。

 d. 誰もが自分の母親を愛している。

それでは、英語の he に当てはまる表現 (人称代名詞) は、日本語には存在しないのでしょうか。言語学の世界で一般に言われていることは、(7c) で表すように、日本語の人称代名詞は「空」だということです。つまり、音声的には表現しない「ゼロ代名詞 (φ)」が日本語の人称代名詞だと言うことです[7]。もう 1 つ別の例を (8) に示します。このような例からも、日本語の人称代名詞はゼロ代名詞であることがわかるでしょう[8]。

(8) a. John said that [he ate sushi].

 b. [??]ジョンは [彼が寿司を食べた] と言った。

 c. ジョンは [(φ) 寿司を食べた] と言った。

---

[6] 一般に、everyone, someone, anyone, nobody, all, some, any, none, many などのように、具体的に限定された人やモノを指さない代名詞のことを不定代名詞と呼びます。

[7] Hoji (1991), 神崎 (1994)

[8] (7) の例のように、「自分」ということばも英語の he や she などと同じような役目を果たす場合もありますが、(6) のような英文 (Who is he?) の日本語訳としては相応しくないことがわかります。

● He は誰か？

　人称代名詞を使用する場合、多くは (9a) や (9b) で示すように、先行詞である名詞句（この場合は、Taro）のほうが先に来ますが、(9c) のように逆になる場合も可能です。このような場合も he は Taro を指すことができます。(9c) の英文をよく見ると、(9a) の文を基に、従属節が前に倒置した形だということに気づきます。つまり、(9c) は (9a) の構造の倒置形なのです。ただし、(9d) のように、文の最初に来る主節に代名詞がある場合は、従属節にある人物とは同一人物になることはできません。

(9)　a.　Taro met Mary when he went to Okinawa.（Taro = he）

　　　b.　When Taro went to Okinawa, he met Mary.（Taro = he）

　　　c.　When he went to Okinawa, Taro met Mary.（Taro = he）

　　　d.　*He met Mary when Taro went to Okinawa.（Taro ≠ he）

　ここで気をつけなければならないことは、(9c) を直訳すると、「彼が沖縄に行ったとき、太郎はメアリに会った」となり、「太郎」と「彼」が同一人物にはならないような日本語訳になってしまうことです。逆に、(9d) を直訳すると、「太郎が沖縄に行ったとき、彼はメアリに会った」となり、今度は「太郎」と「彼」が同一人物でも違和感のない訳になってしまいます。しかし、これはあくまでも、そのまま日本語に変換したときの解釈であって、本来の英文の正しい意味ではありません。指導する際にはこういった誤った解釈には気をつける必要があります。

● 代名詞と再帰代名詞の関係

　（人称）代名詞と再帰代名詞はとても面白い関係にあります。つまり、それぞれは一方が用いられる環境には現れないということです。(10) を見てください。再帰代名詞 himself を使用した (10a) の例では、「Taro は自分自身を叩いた」ことを表わしています。一方、him を使用した (10b) では、「Taro は自分を除いた誰か他の男性を叩いた」ことを表わ

しています。同様に、（10c）では「Ken が Ken 自身」を、（10d）では「Ken が Taro を叩いた」ことを表現しています[9]。

　このような例から、himself などの再帰代名詞の先行詞になれる名詞句は、「同じ節の中にあって、その再帰代名詞よりも前に来ている人」ということがわかると思います。そして、him は「同じ節の中で前に来ている人は先行詞にはなれない」ということもわかると思います。

（10）a.　Taro hit himself.（太郎は自分自身を叩いた）

　　　b.　Taro hit him.（太郎は自分以外の男性を叩いた）

　　　c.　Taro said that Ken hit himself.（ケンが自分自身を叩いた）

　　　d.　Taro said that Ken hit him.（ケンが太郎を叩いた）

　　　e.　Taro's father hit himself.（太郎のお父さんが自分を叩いた）

　　　f 　Taro's father hit him.（太郎のお父さんが太郎を叩いた）

ただし、残念ながら（10e）と（10f）ではこの規則がぴったりとは当てはまりません。Taro も Taro's father もどちらも himself/him と同一の節の中にありますが、（10e）では「Taro のお父さんが自分を叩いた」という意味で himself の先行詞は Taro's father です。（10f）は「Taro のお父さんが Taro を叩いた」という意味になり、him は Taro を受けることになります。統語構造上の違いがこのような解釈の違いを生みますが、基本的には、「himself は同一節内の先行する名詞句を受け、him は同一節内では先行詞を持つことができない」と覚えておくとよいでしょう。

● 人称代名詞 it

　人称代名詞 it について見ていきます。英語では、3 人称単数の中性の代名詞が it となります。ここで留意したいことは、日本語には、英語

---

[9]　もちろん、「Taro 以外の誰か他の人を叩いた」という解釈も可能です。同じく him が使われている（10d）、（10f）も同様です。

の it と同様の性質を持つ代名詞が存在しないということです。It は he や she 同様、明治時代になって、西洋語（英語）の語彙を日本語と対応させなければならなくなり、訳語として「それ」ということばが当てられました。しかし、日本語の「それ」は奈良時代から現代に至るまで、ずっと変わらず、先行する名詞句を指す中性の「指示代名詞」なのです。つまり、「これ」「それ」「あれ」の 1 つなのです[10]。一方、it には指示性はありません。英語の指示代名詞は this と that の 2 つです。明治時代に、this に「これ」を、that には「あれ」という訳語を当てたために、「これ、それ、あれ」の中で「それ」が余ることになりました。そのため、it に「それ」という訳語を（無理やり）当てはめたわけです。

　「それ」を 3 人称単数の中性 it の訳語として使用し始めたことによって、「それ」は本来の指示代名詞という役割に加えて、人称代名詞という役割も担うことになりました。このような顛末もあり、日本語を母語とする英語学習者（Japanese learners of English/JLEs）にとって、it は理解しにくい代名詞となっています。

　以下の例文は、中学校英語検定教科書 *New Crown*（2018 年度版）から取った例です[11]。この会話は、中学生の健が ALT のブラウン先生に学校の中を紹介している場面で、(11) は、理科室に飾られている動物の写真について、(12) は図書室の展示物を見て会話しているという状況です。B はブラウン先生、K は健の発話です。イタリック体は筆者が加えました。

---

[10] 「これ」は指示対象物が話し手に近いときに、「それ」は指示対象物が話し手からは離れているが、聞き手からは近いときに、そして「あれ」は指示対象物が話し手からも聞き手からも離れているときに使用します。一方、英語の指示詞である this と that の区別は、指示対象物と話し手の距離のみで区別します。話し手の近くにあれば this、離れていれば that を使用します。したがって、日本語の「それ」と「あれ」の両方が英語では that で表現されていることになります。

[11] 中学校英語検定教科書 *New Crown*（平成 30 年度版 1 年生用の p. 29 と p. 31）より引用。

（11）　K: This is a fox. *It* is from Hokkaido.

　　　　B: Is that a hawk?　　　　　　　K: No, it isn't. *It* is an owl.

　　　　B: Is *it* from Hokkaido too?　　　K: Yes, it is.

（12）　B: What is this?　　　　　　　　　K: *It*'s a coin.

　　　　B: Really?　　　　　　　　　　　K: Yes. *It*'s very old.

　　　　B: What is that?　　　　　　　　K: *It*'s an old calendar.

　　　　B: A calendar? *It*'s interesting.

　上記の会話文での it に、日本語の「それ」を当てはめてしまったのでは不自然になる箇所がいくつもあります。たとえば、(11) の It is an owl. の it は、会話をしている 2 人の位置と動物の写真とが離れているため、しいて日本語に訳すならば、「あれ」となります。つまり、「あれはフクロウです」がよいでしょう（または、訳出せず「フクロウです」）。そして、(12) の It's a coin. は、2 人は coin のすぐそばで話をしているため、日本語に訳せば、「これはお金です」が最も適切です（または、訳出せず「お金です」）。他の it は無理に訳出する必要がないかもしれません。

　以上の例からも、it は「それ」以外にも「あれ」「これ」という日本語に相応しくなる場合もありますが、「訳出しないほうが良い場合＝ゼロ代名詞」になる場合が数多くあることを教師は心得ておくとよいでしょう。It をいつも機械的に「それ」と訳すのではなく、he や she と同様に、文脈に応じ臨機応変に対応していかなければなりません。

● 同一名詞句の繰り返し

　JLEs に共通して観察され、日英語の代名詞の相違が原因で生じるもう 1 つ大きな特徴に、英語を使用する際、彼らは同じ名詞句を繰り返し使用してしまうことがあげられます。この例を以下にあげます。(13) の日本語では友達の「功一君」が連続して使用されています。しかし、これは日本語ではごく自然です。日本の小学生は、筆者の観察する限り、日常会話において滅多に「彼」「彼女」を使用しません。その代わ

り、よく使用するのが (13) のように、同じ名詞句を連続して使用する方法です。このような母語の特徴が英語を使用するときに転移します。その典型例が (14) です。下線は筆者が加筆しました。

(13) 小学 3 年生の日記より（原文のまま）

　　きょうは学校から帰る時、<u>功一君</u>といっしょに帰りました。<u>功一君</u>はおなかがいたいと言っていました。それから<u>功一君</u>はあたまもいたいと言っていました。

(14) 大学 1 年生 JLEs の英語のライティングより（原文のまま）

　　a.　I have a old sister and brother. <u>My sister</u> is 27 years old, and <u>my brother</u> is 25 years old. So <u>my sister</u> and <u>my brother</u> makes me to love.

　　b.　My favorite singer is Ringo Shiina. <u>Ringo Shiina</u>'s songs don't sing easily. So I practice to sing <u>Ringo Shiina</u>'s songs at Karaoke.

(14a)、(14b) の英文共に、同一の名詞句 (my sister, my brother, Ringo Shiina) が繰り返し使用されていますが、こういった場合、やはり代名詞を使用して表現するのが好ましいと思います。

● **総称用法の we、you、they**

　人称代名詞の中でも we、you、they は、「（話者自体も含む具体的な）私たち」や、「（目の前にいる）あなた」を指すのではなく、漠然と「人々」を表わす用法もあることに注意しましょう。この用法は中学校段階の教科書などではあまり出てきませんが、英語ではよく使用される用法ですから、高等学校修了段階までには必ず指導しておく必要があります。下記の (15) の英文を参照ください。

（15）a.　We have a lot of snow in winter in Niigata.

（新潟では、冬に雪が沢山降る）

　　　 b.　You must obey traffic rules.（交通規則を遵守しなければいけない）

　　　 c.　In Australia, they celebrate Christmas in summer.

（オーストラリアでは、夏にクリスマスを祝います）

（15a）では we が、（15b）では you が、そして（15c）では they が主語として使用されていますが、それぞれ、漠然とした人々を指す用法で、「私たち」「あなた」「彼ら」と、具体的な人々を指す用法ではありません。このような代名詞の用法を使えるようになると、英語らしい表現が身に付いたことになりますから、人称代名詞の総称用法の指導は重要となってきます。

● **One の用法**

　One は、数字の「1」という意味が最も有名ですが、それ以外にも代名詞としての用法があります。つまり、前に出てきた名詞または名詞句の代わりとして one を用いることができます。大学生の英語を観察すると、one と it の相違が十分に理解できていないことに気づかされます。彼らは、it は前に出てきた語、句、節と全く同じ内容の繰り返しを避けるために使用されることはほぼ理解しているのですが、問題は one の用法です。以下の例で one と it の使い方を比較してみましょう。

（16）a.　Do you have the French dictionary? I'm looking for it.
　　　　　（あのフランス語の辞書を持ってる？それを探しているんだ）

　　　 b.　Do you have a French dictionary? I'm looking for one.
　　　　　（フランス語の辞書を持ってる？（どれとは特定せずに）フランス語の辞書を探しているんだ）

（16a）は、「そのものズバリ、そこにあるそのフランス語の辞書」、とい

う意味ですから、it で受けることになります。(16b) では、「とにかく何でもよいからフランス語の辞書を一冊探している」という意味です。そのような不特定のものを受ける場合に one を使用します。

ただし、「a + 名詞」の場合でも、文脈によっては特定の名詞句を指せる場合もありますから注意してください。もちろんその場合には one ではなく it を使用することになります。それを (17) で確認しましょう。(17b) での a car は「聞き手の you が所有している特定の車」、という意味になりますから、このような場合には it で受けることになるのです。

(17) a. If you don't have a car, you should buy one. (*it)
       (車を持っていないのなら、(どの車という特定はないが) 買うべきだ)

    b. If you have a car, you should always lock it. (*one)
       (車を持っているなら、(その車には) 必ず鍵をかけるべきだ)

また、one は the、this、each といった決定詞や、big、good、beautiful といった形容詞などの修飾語句と共に用いることもできます。つまり、a big one や this one などの形も可能だということです。名詞に単数形と複数形があるのと同様、この用法の one には単数形と複数形があり、複数形は s を付けて ones となります。(18) を参照ください。

(18) a. The clerk showed me a red dress, but I chose this blue one.
       (店員は赤いドレスを見せてくれたが、私はこの青いドレスを選んだ)

    b. I think John's best novels are his early ones.
       (ジョンの最高の小説は初期のものだと思う)

それでは、これまでの議論を簡潔にまとめたいと思います。

理論的背景のまとめ

- 英語の代名詞（he や she）と、日本語で「代名詞」だと思われている「彼」や「彼女」とは、その性格が根本的に異なる。He は純粋に代名詞であるが、「彼」「彼女」等は指示性が強く、「あの人」と同義である。よって、he を「彼」と同義であるとみなすのはやめるべきである。
- 同様に、it は必ずしも「それ」と同義ではなく、厳密に言えば、日本語には英語の it に相当する語はない。
- 英語の代名詞に相当するものは、日本語では「ゼロ代名詞」である。
- 日本語では代名詞を使用する代わりに、同一の名詞句を繰り返し使用するため、日本語母語話者はその習慣を、英語を学習する際に転用してしまう場合が多いので、注意が必要である。
- we、you、they には漠然と「人々」を表わす総称用法がある。
- one には代名詞の用法があるが、it とは異なる使われ方をする。
- 再帰代名詞（例：himself）は、同一節内の先行する名詞句を先行詞に取るが、代名詞（例：he/him）は、同一節を越えたところにある名詞句を先行詞に取るのが一般的である。

II 実践の展開

　以上の議論を基に、代名詞に関して、具体的にどのような指導法が考えられるか、学習者の習熟度を加味しながら提案してみたいと思います。

● **指導 Stage 1（小学生用）**

　まず、小学生への人称代名詞の指導から考察します。小学 3、4 年生には、「he は男の人、she は女の人のことを指している」ことに気づかせます。5、6 年生には、日本語の表現を引き合いに出し、日本語は代名詞を表立って使用しない言語であることに気づかせましょう。特に日

常会話では、「彼」「彼女」という 3 人称表現をほとんど使わないことを自覚させたいものです。

▌教師の問い掛けと生徒の反応例 1（小学生用）

教師 みなさんは他の人と話すとき、自分のことを何と呼びますか？「わたし」って言いますか、「僕」って言いますか？ それとも「おれ」ですか？

生徒達 「私」って言います。「僕」って言います。「おれ」って言います。

教師 そうだね。いろいろと言い方があるね。それじゃあ、友達と話をするとき、その友達のことを何と呼びますか？「あなた」って言いますか？それとも「君」って言う？

生徒 「あなた」とは言いません。「君」も言わないな。その子の名前で呼びます。たとえば、「健ちゃん」とか言います。

教師 そうだね。「あなた」なんて普通は言わないね。では今度は、皆さんのそばにいない友だちの話が出てきたら、その友達のことは何て呼びますか？「彼」とか「彼女」って言いますか？

生徒 「彼」とか「彼女」とか言いません。やっぱりその子の名前で言います。

▌教師の問い掛けと生徒の反応例 2（小学校高学年～中学校低学年）

教師 I am thirteen years old. って、日本語では何と言うかな？

男子生徒 「私は 13 歳です」です。

教師 そうだね。でも、〇〇君は男の子だけど、自分のこと、「わたし」って言うの？

男子生徒 いいえ、言いません。「ぼく」とか「おれ」って言います。

教師 そうすると、英語の I は、男性も女性も同じように使うけど、もし日本語に訳すなら、必ずしも「わたし」にはならないね。日本語にはいろんな I の言い方がありそうだね。私たちは日本語

で「自分」のことを何て呼んでいるのかな、今から皆で話し合ってみようか？

● 指導 Stage 2（中学生用）

「彼」「彼女」と、he/she の相違への気づきをさらに促します。次のような英文を教師が発話した後、板書します。

（19）　板書例

Husband: I met a man called Ted Williams this morning.

（または、This morning, I met a man. His name is Ted Williams.）

Wife: Well, I don't know him. Who is he?

その後、生徒に次のような問い掛けをします。

■ 教師の問い掛けと生徒の反応例 3（中学生用）

教師　この奥さんの言った英語を日本語に訳すとどんな風になるかな？周りの友だちと話し合ってみよう。

（議論させる時間を与える）

教師　どうですか？ Who is he? は、直訳すると、「彼は誰ですか？」になるけど、それって、ちょっと変な日本語だと思いませんか？

生徒　なんか変だと思います。「彼」って言わないと思います。

教師　たしかに「彼」とは言わないね。皆さんの答えは、きっと「その人は誰（ですか）？」とか「その男の人は誰（ですか）？」ぐらいになったんじゃないかなあ。

生徒　はい、そうです。

教師　このようなときには、he を「彼」にするとおかしいことがわかるね。そうすると、日本語の「彼」とか「彼女」と、英語の he とか she とかの関係はどうなっているんだろう？グループで話し合ってみましょう？

さらに、以下のようなレッスンの際に、it が必ずしも「それ」にはならないことに気づかせます[12]。

(20)　A: Excuse me. I like your paper bird. It's very beautiful.

　　　B: Thank you. It's an origami crane.

　　　A: How do you make it?

■ **教師の問い掛けと生徒の反応例 4（中学生用）**

教師　先生は、今まで it を「それ」って教えてきましたが、今日はもう少し深く勉強してみたいと思います。まず、I like your paper bird. It's very beautiful. の 2 つ目の文ですが、it は your paper bird のことを指していますね。それで、「それはとてもきれいです」と訳すと、何となく変な日本語になると思いませんか？

生徒　「それは」って、いちいち言わなくてもよいような気がします。

教師　そうですね。英語の文の中で it が何を指しているのかさえわかれば、いちいち「それ」って言わなくてもいいですね。How do you make it? の it も何を指しているのかわかれば、無理して訳出する必要はありませんね。

● **指導 Stage 3（中学校高学年から高校生用）**

項（主語、目的語）の省略や、名詞を繰り返してしまう日本語からの転移について、生徒の気づきを促します。次の 4 文を板書します。

(21)　項の省略を説明する板書例

　　a.　Taro said that [*he* ate breakfast at seven].

　　b.　太郎は [＿＿＿ 朝ご飯を 7 時に食べた] と言った。

---

[12]　平成 29 年度版中学校英語検定教科書 *Sunshine English Course*（1 年生用 p. 83）より引用、若干の修正あり。

  c. Did you eat breakfast? Yes. I eat it at seven.

  d. ＿＿ 朝ご飯食べた？うん。＿＿ ＿＿ 7 時に食べたよ。

 教師 黒板に書かれた英語と日本語を見てください。何か気がつくことはありますか？

 生徒 英語では he とか I、you、it があるのに、それに当たるものが日本語ではありません。

 教師 そのとおり。日本語は主語や目的語を省略してもよい言葉なんだね。でも、英語は必ず主語と目的語を入れなくてはいけません。そこが違うんだね。

 次に、英語では、同一名詞句が続けて出てくるときは、2 番目以降の名詞句を代名詞に変える場合が多いことに気づかせ、日本語ではそのような場合にどのようにするのか考えさせましょう。英語では、名詞句を繰り返すのではなく、代名詞を使うということを理解してもらいます。

（22） 英語の名詞の繰り返しの板書例

  a. My brother's name is Akito. Akito is a high school student. Akito likes ramen very much.

  b. My brother's name is Akito. He is a high school student. He likes ramen very much.

 教師 さあ皆さん、2 つの文を見てください。何が違いますか？

 生徒 (22a) は Akito が連続して使われていますが、(22b) は Akito ではなくて、2 つ目の文からは he が使われています。

 教師 そうです。では、どちらのほうが英語っぽいと思いますか？

 生徒 (22b) のほうが英語らしいのかな？

教師　そうだね。英語では同じ人や物が 2 回目に出てくるときには、he とか she とか it を使うほうがいいね。皆さんも英語を話したり書いたりするときに、2 回目以降はできるだけ代名詞を使うように最初は意識するといいでしょう。

それでは、ついでに、日本語はどうだろう？この文（(22a) の文）を普通の日本語の文にするとどうなる？

生徒　「僕の兄の名前はアキトです。高校生です。ラーメンが大好きです」ぐらいになると思います。He を「彼」と言わないほうが普通の日本語になると思います。

教師　そうだね。日本語では代名詞は省略するのが普通ですね。

次に、総称用法としての we、you、they の指導方法を考えてみましょう。次のような英文を使ってみます。

(23) a 　 We should obey traffic rules.

b. 　 What happens if you heat ice?

c. 　 What language do they speak in India?

▌ 教師の問い掛けと生徒の反応例 7（中学校高学年から高校生用）

教師　まず (23a) を見てください。日本語に直訳すれば、「私たちは交通規則を守らなければいけません」ですが、この場合、話している自分を含めた少数の人達のことではないですよね。すべての人達のことを言っていますね。(23b) の you はどうですか？聞き手だけのことでしょうか？

生徒　違うと思います。「氷を温める人なら誰でも」って感じがします。

教師　そうですね。聞き手だけを指してない感じですね。それでは、(23c) の they もインドに住む大勢の人たちのことを言っていて、特定の人達を指している感じは薄いですよね。こういうような、we、you、they の使い方もあるのですね。

さらに、代名詞と再帰代名詞が誰を指すか、または指すことができないかについての指導方法と、逆行照応についての指導方法についても考えましょう。

■ **教師の問い掛けと生徒の反応例 8（中学校高学年から高校生用）**

教師 今、Taro と Jiro と Saburo の 3 人がいたとします。そのとき、Saburo が、先生に、Taro hit him. と言ったら、him って誰のことだと思いますか？もう 1 つ、今度は Saburo が Taro hit himself. と先生に言ったら himself って誰のことだと思いますか？周りと話し合ってみましょう。

教師 今、Taro と Ken の 2 人だけがいたとします。そのとき、Taro が先生に次のように言ったとしたら、叩いたのは誰でしょうか？英文を見ながら周りで話し合ってください。

(24) a.　Taro said that Ken hit himself.

　　 b.　Taro said that Ken hit him.

■ **教師の問い掛けと生徒の反応例 9（中学校高学年から高校生用）**

教師 次の 4 つの英文を見てください。どれもよく似ていますが、若干の違いもあります。He が Taro と一緒の人物でも OK なのはどの文でしょうか、また一緒にはなれない文はどれでしょうか[13]。周りと話し合ってみましょう。

(25) a.　Taro met Cinderella when <u>he</u> went to Disneyland.

　　 b.　When Taro went to Disneyland, <u>he</u> met Cinderella.

　　 c.　When <u>he</u> went to Disneyland, Taro met Cinderella.

　　 d.　<u>He</u> met Cinderella when Taro went to Disneyland.

13　he が Taro を指せないのは (25d) です。あとのものはすべて he は Taro を指すことができます。

次に、one の用法についての指導方法を考えてみましょう。代名詞の one が同じ種類の不特定の1つを表わすのに使用されることを説明します。人にもモノにも使われ、単独の場合（名詞句の代用となる場合）と前に修飾語を伴う場合（名詞の代用となる場合）があることを指導します。

▌ 教師の問い掛けと生徒の反応例 10（中学校高学年から高校生用）

教師　（以下の英文を板書するか、プリントで配布した後）
　　　　次の英文を見てください。

(26) a.　Could you lend me an umbrella if you have one/it?

　　　b.　I know that you have an umbrella. Can I use one/it?

　　　c.　My computer got old. I need to buy a new one/it.

　　　d.　My computer has broken. I need to repair one/it.

　　　e.　This shirt is as old as that one/it.

　　　f.　This shirt is old, but I like one/it.

　　　どちらの文にも one と it がありますね。さあ、それぞれどちらを使うほうが適切だと思いますか？周りと話し合ってみましょう。（話し合いの時間を設けた後、グループごとに発表してもらう）

教師　発表、どうもありがとう。いろいろな意見が出ましたね。さて、それでは one と it の使い方をまとめてみましょう。

まとめ

　本章では、まず日本語と英語の代名詞の相違を理論的に整理しました。教師の知っておくべき知識として、he/she は必ずしも「彼」「彼女」とは一致しないことを述べ、同様に it も「それ」とは本質的に異なることを解説しました。そして、英語の代名詞は前述したものを指す純粋に代名詞であるが、日本語の「代名詞」と呼ばれる「彼」「彼女」などは指示性が強く、日本語における本当の代名詞はゼロ代名詞であること

を述べました。また、日本語からの影響により、JLEs は同一名詞句を繰り返し使用する傾向があることや、総称用法としての人称代名詞の使用について述べ、不定代名詞の one についても言及しました。

　その後、整理した理論に基づき、英語の代名詞の指導方法について、習熟度別の代名詞の導入方法や、気づきを促す指導法について私案を述べました。特に、日本語と英語という言語間の相違についての気づきを促す指導を考えてみました。ことば、特に母語の特性への意識が外国語学習には重要だと考えるからです。本章での代名詞の指導方法の提案が、教室での英語教育に少しでも役立つならば幸いです。

● **参照文献**

Hoji, H.（1991）. Kare. In R. Ishihara & C. Georgopoulos（Eds.）, *Interdisciplinary Approaches to Language: Essays in Honor of Prof. S.-Y. Kuroda*（pp. 287–304）. Dordrecht: Reidel.
神崎高明（1994）.『日英語代名詞の研究』東京：研究社.
白畑知彦（2019）.「理論言語学の研究成果を英語教授法に応用する：人称代名詞の指導」『中部地区英語教育学会紀要』*48*, 243–248.

CHAPTER 5

学習者の認知能力を活性化する
過去形の有機的な指導法

今井隆夫

＼困っているのは、こんなこと／

これからは中学校で仮定法過去形を教えることになります。しかし、過去の事を表す用法や丁寧さを表す用法と、仮定法の用法がごちゃごちゃになって、生徒たちが混乱する可能性も出てきます。さらに、「外国語で授業を行うことを基本とする」ことが導入され、では、どのように授業展開すればよいのか迷われている先生方もいるはずです。一緒に考えていきましょう。

はじめに

　文法指導が必要かどうかという議論がされる場合、それは、文法＝「学校文法」と学校英語で教えられている既存の文法を前提としての議論の場合が多いですが、果たして、既存の学校文法は、学習英文法として適切な文法なのでしょうか？筆者は、英語教育の研究や実践で文法指導を考える場合には、どのような文法を教えるのが学習者に役立つかという観点からの検討、つまり、学習英文法の理想的な形について考えることが、文法指導の必要性や効果を考える前に必要であると考えています。

　この点に関して、英語教育を哲学的に研究している柳瀬陽介氏は「学習英文法を設計する際には、分析者の視点でなく学習者の視点から

考えることが大切」と指摘しています[1]。また、柳瀬氏は「学習英文法とは、それ自身の価値（体系の整合性や無矛盾性など）で評価されるべきでなく、それがいかに学習者によって活用されうるかという点で評価されるべきです。つまり、学習英文法の価値はそれ自身になく、その使用にあるということです。[2]」と述べていますが、これはまさに筆者が考えていることを言語表現してくれた感じで同感です。

　言語学研究の枠で行われている科学文法は、第二言語や外国語の学習を目的に学習者視点で開発されているものではなく、言語を科学的に分析することを目的としていますので、分析者視点の文法です。現状の学校文法も、言語を分析的に分類・網羅したもので、分析者視点の文法ですから、英語学習を目的とした学習英文法は、新しい形のものを検討する必要があると考えます。つまり、現状では、理想的な「学習英文法」は模索中と言えましょう。なお、「学習英文法」と言っても、その目的はさまざまで、現在の学校文法は、その成立の背景から、英語を日本語に訳すための文法ですので、英語を日本語に訳せるようになることが英語学習の目的であった時代にはその目的を果たしたと言えますが、コミュニケーションの手段としての話せる英語が主な学習目的となった現在の英語学習には合わないものとなっていると考えます。よって、現在の日本の英語教育環境に合った、学習者視点で設計された、英語学習支援になる学習英文法の開発が必要と考えますが、本章ではこのような視点に立った議論の1つとして、学習者の英語学習を支援する過去形（仮定法）の指導法を考えます。

---

[1] Yanase (2019, p. 28) では、I argue that we should change the concept of PG and take user's perspective rather than analyst's perspective. と記載があります。（なお、PG は pedagogical grammar のことです。）

[2] この記述は、田地野 (2012, p. 157) が、柳瀬陽介氏のブログでの田地野彰 (2011)『〈意味順〉英作文のすすめ』（岩波ジュニア新書）に対する書評（『英語教育の哲学的探究 2』）から引用した内容です。

● 仮定法を過去形の1つの用法として捉える

多くの学習者にとって仮定法は、高校で学習する文法項目の中でも難しい文法項目の1つと思われているようです。しかし、筆者が大学生を対象に行っている説明法では、仮定法を過去形の用法の1つとして扱っており、毎時間書いてもらうコメントシートの感想で、多くの受講生から「仮定法はこんなに簡単だったのか！」「仮定法の本質（意味）がよくわかった」「高校生のときに知っていればよかった」という好意的な趣旨のコメントをもらっています。

筆者の説明方法は、仮定法に限ったものでなく、文法を「形と意味の対応関係」と捉えることで、同じ形をしていれば、そこには意味の共通性やつながりがあるという認知言語学の基本概念を参照したものです。このような説明をすることで、文法項目を訳語と文法用語に依拠したばらばらの理解でなく、同じ形を共有していれば、つながりがあると理解することで、より有機的な学習が可能になると考えています。仮定法を例に言えば、「仮定法」というカテゴリーでの説明ではなく、「過去形の用法」というカテゴリーで説明することになります。

2020年度（令和2年度）まで施行の中学校学習指導要領では、仮定法の指導は含まれていませんが、2021年度から全面実施される学習指導要領では、仮定法過去は中学校での学習項目の1つとなりました。よって、中学英語で仮定法を扱うには、扱い方に工夫が必要であると考えます。その際、仮定法を過去形の1つの用法として教えることは、中学生にも利用できるのではないでしょうか？本章では、従来の指導法では難しいと考えられている仮定法を、仮定法という文法用語で独立した項目として扱う説明でなく、過去形の1つの用法と捉えなおし、有機的に導入できる説明方法の理論と実践を紹介したいと思います。

● 形と意味の記号関係

　ここでは、筆者が学習英文法を考える上での立ち位置を明らかにしておきたいと思います。学習英文法で教えるべきことは文法用語を用いて、言語表現を分類・網羅することではなく、英語を使えるようになるために、学習者が英語の知識を頭の中に蓄えることができるようになるためのガイドであるべきと考えます。そのためには、人が持つ認知能力の1つ、カテゴリー化の能力を活性化することが鍵と考えます。なぜなら、人は生きていくために世の中のものを類似性と関連性／隣接性に基づきカテゴリー化していきますが、言語学習にもその認知能力が大きく関わっていると考えられるからです。

　このカテゴリー化（簡単に言えば、グループ分け）の能力は、認知言語学の基本概念の1つ（形と意味の記号関係）とも深く関係しています。形と意味の記号関係とは、同じ形をしていれば、そこには意味の共通性があるという考え方です。そして、その同じ形をした表現にカテゴリー化されているメンバー（つまり、意味）は、類似性や関連性／隣接性があるので同じカテゴリーに分類されているという考え方です。また、同じカテゴリーに分類されているメンバーには、花と桜のように、より抽象的なレベルの項目とより具体的なレベルの項目が共存しているという考え方です。

　たとえば、kiwi という語について考えてみましょう。kiwi という語には、3つの意味がありますが、それらの意味を知っていますか？答えは、①鳥のキウイ、②果物のキウイ、③ニュージーランド人の3つです。では、これら3つの kiwi に意味の関連があると思いますか？鳥と果物は、鳥の胴体と果物の形が似ていることから、この2つは類似性により関係しています。では③のニュージーランド人はどうでしょうか？これは、果物のキウイや鳥のキウイが存在することで有名な場所に住んでいる人ということで、関連性／隣接性によってつながっていると言えます。人が持つ認知能力に、「比較して類似性をみつける」「関連付ける」「一般化・具体化する」という3つがありますが、kiwi という語

に①②③の３つの意味がカテゴリー化されているのは、人の持つ「類似性」「関連性」の認知能力が背後にあるからだと言えます。

　なお、このようなある表現がなぜそのような意味を持つかの説明（認知言語学では「動機づけ[3]」の説明と言います）は、「予測」されるものではなく、なぜそのような表現があるのかを「理解」する性質のものなのです[4]。しかし、より抽象度の高いレベルでは、人の持つ「比較して類似性をみつける」「関連付ける」「一般化・具体化する」という認知能力に動機づけられていると言えます[5]。今回は、動詞の過去形という文法要素を扱いますが、形と意味の記号関係は、形態素、語、文法、構文とさまざまなサイズのものについて当てはまる現象なのです[6]。

● 形と意味の記号関係（過去形の場合）

　形と意味の記号関係、つまり、人の持つ「類似性」「関連性 / 隣接性」「一般化 / 具体化」の認知能力を参照した英語学習 / 教育法は、過去形のような文法要素についても活用できます。過去形を用いた (1) の３つの文を見てみましょう。

(1) a.　I **loved** you so much.

　　b.　**Could** you do me a favor?

　　c.　I wish I **could** play the drums.

---

[3]　認知言語学で言う「動機づけ」(motivated) は恣意的 (arbitrary) の反対の概念です。arbitrary とは、たとえば、机が机と呼ばれるのは、たまたまそうなっているだけで理由がないことを表します。一方、「机の脚」という表現は、脚は身体を支えるものということから、机を支えるものなので、机の脚と呼ばれており、「動機づけられている」と言います。

[4]　Littlemore (2009, p. 148) や河上 (1996, p. 50) でも指摘されていますが、認知言語学の基盤となる考え方の１つです。

[5]　これら３つの認知能力は、専門的には、比喩能力のことで、それぞれメタファー、メトニミー、シネクドキーと呼ばれているものです。

[6]　Langacker (2008, p. 5, p. 15, p. 25)

皆さんは、過去形と聞けば、どんなイメージを描きますか？多くの人は、過去のことを表すと考えるでしょう。実際、学校英語では (1) の3つの過去形は、(1a) は過去形、(1b) は丁寧表現、(1c) は仮定法のように別の文法項目として扱われます。

　では、好きな人から (1a) の文を言われたとしたら皆さんは嬉しいですか？多分、今は好きではないということが推測されて、嬉しくないのではないでしょうか？この文は、「あなたが大好きだった」という意味を表し、過去のことを語っているという意味では、時間的に離れたイメージがありますが、「今はもう好きではない」という意味も推測されることが多いので、現実から離れたイメージも感じられませんか？

　つまり、過去形の基本イメージは、「離れた感覚 / 距離感[7]」で、①時間的な距離、②話し相手との心理的距離、③現実からの距離を表すのです。しかし、すべての過去形の使用がこれら3つのどれかに分類できるというより、それぞれの文脈で、どの距離感が最も際立っている (salient) かという問題であると認知言語学では考えます。(1a) は、先ほども述べたように、①の「現在から時間的距離」が最も際立つ意味ですが、今は、事実でないということが推測されると考えれば、③の「現実からの距離」も表していると言えます。

　(1b) は「お願いがあるのですが」という意味の表現ですが、Can you do me a favor? の Can を Could にすることで、相手に対してより丁寧な依頼をしています。つまり、心理的な距離を持っているといえます。このように、過去形を用いることで、相手との心理的距離を保つことで、丁寧

---

[7]　過去時制、仮定法、丁寧表現という3つの過去形に、同じ形が使われているのでつながりがあるという考え方は、Steele (1975, pp. 216–217) の次の記述にもあります。I hypothesize then that past and irrealis have in common the semantic primitive DISSOCIATIVE. Politely to request something is to dissociate oneself as much as possible from the request. Past time is dissociated from present time. Irrealis is dissociated from reality. なお、Steele の記述の存在については、本プロジェクトメンバーの中川右也氏より情報をいただきましたので感謝します。過去形が距離を表すことの先行研究については、中川 (2014) に詳しく述べられています。過去形を距離感で捉える学習法 / 指導法の詳細は、今井 (2019, pp. 96–98) も参照ください。

にふるまうことができます。よって、仲の良い友達には、心理的距離の近い can を用いるほうが良い場合もあると言えます。過去形で、心理的距離を保たれては、逆に寂しい気持ちになってしまうかもしれませんね。

　(1c) は、「ドラムが演奏できればなぁ〜」ということで、実際にはドラムを演奏できない人が、現実の反対（想像）の世界を語っているので、現実からの距離感を表すために過去形が使われています。文脈を変え、集まりへの誘いを断るときの表現なら、I wish I could, but I have other plans.「参加できるといいのですが、他に予定があって…」ということができますが、この場合は現実との距離だけでなく、相手に丁寧にふるまっている表現でもあるので、相手との心理的な距離も表していると言えます。

　また、表現に関して、other plans と複数形を使う点にも気を付けましょう。いろいろ予定があり忙しいということを意味する慣用表現なので、plans と複数形になっています。another plan と単数形を使うと、2つを天秤にかけ、あちらを優先したようにもとられ、あまり感じが良くないので、いろいろあって忙しいというニュアンスで、plans となっていると考えられます。もちろん、具体的な理由を、I wish I could, but I have a test next Monday, so I have to study. のように説明するほうがよりお勧めです。

　(1c) を「仮定法」という文法用語で教えられてきた大学生の多くから、過去形は距離感というイメージで想像の世界を語るので、現実からの距離感で過去形が使われているという話をすると、「そのように考えれば仮定法は難しくない。なぜ仮定法は過去形を使うのかの理由がわかってすっきりした。」というコメントが多くあります。

● 過去形の１つの用法としての仮定法の指導法

　従来の指導法では、仮定法は、それだけが個別の項目として、「If S + 過去形…, S' + would/could/might + 動詞の原形」のような構文とその訳語「もし〜ならば、〜するだろうに」が教えられ、仮定法では、現在のことでも過去形が用いられるといった説明がされて、構文を訳語と文

法用語で丸暗記させられてきた傾向があるようです。しかし、先に述べたように、過去形の基本イメージが距離感であり、その1つの用法として現実からの距離を表す用法があるという見方をすることで、①仮定法を過去形のイメージと結びつけて有機的に考えることができます。また、②現在形の場合との意味の違いという観点からの比較もでき、認知能力によりフレンドリーな学習法が可能であると考えられます。

　仮定法と言えば、if節で始まる形から教えられることが多いようですが、現実的に使われる仮定法は、むしろ従属節であるif節はなく、「助動詞の過去形＋動詞の原形」の主節のみのものが多いことを考えれば、助動詞の過去形の用法の観点からの導入のほうが理解しやすいと思われます。次の文を見てみましょう。

(2)　a　I **want** to drink something.
　　　b.　**I'd like** to drink something.

これらの文は、中学校で学習されますが、従来の指導法では、(2b)は丁寧表現という説明で済まされることが多いようです。(2a)と(2b)を比較し、どちらも「何か飲みたい」という内容を伝えようとしてるが、(2a)はwantという現在形が使われているので強い要求を表しているのに対し、(2b)は、would likeという過去形（would）が入った表現が使われていることから、距離感を表し、控えめな要求を示す表現であるということに言及することにより、過去形は距離感という基本イメージとつなげて、他の表現との有機的な学習を可能にする種をまくことができると考えます。

　また、学習者の母語である日本語にも同様の現象があることに目を向けさせることも効果的です。コンビニ敬語と言われ、あまり良いと思わない人もいるようですが、「お箸のほうはよろしかったでしょうか？」といういわゆるコンビニ敬語は、「よろしいですか」ではなく、「よろしかったですか」と過去形を使うことで丁寧さを表そうとしている表現で

あり、これも過去形が距離感を表し、丁寧さを表す例と言えます。

　ここで大事なことは、過去形が距離感を表すので、その1例として控えめな要求を表せるというように、距離感という基本イメージと結びつけて説明することです。このように考えれば、(2b) の表現と If 節内や I wish に続く節で使われる過去形は、いずれも過去形が使われているのですから、同じものとして扱うことが可能であり、認知能力にやさしい有機的な学習が可能になると考えます。

　これ以外にも、仮定法過去完了形の導入にあたっても、(3) の3つの文を比較することで、過去形＝距離感からの導入が可能です[8]。

(3) a. I **have** lived in this neighborhood for five years.

　　b. I **will** have lived in this neighborhood for five years next month.

　　c. I **would** have lived in this neighborhood for five years next month.

(3a) では、現在形 (have) が用いられていますので、「事実」を表し、「この辺りに住んで5年になります」という意味を表します。(3b) では、何もなく、事態がこのまま進めばそうなるというニュアンスの予測の助動詞 will が用いられていますので、「来月で、この辺りに住んで5年になります」という意味を表します。(3c) では、予測の助動詞の過去形 (would) が用いられていますので、現実から距離のあること、つまり、想像を述べた文となり、実際は、どこかに引っ越してしまうことになった人が、「来月で、この辺りに住んで5年になっていたのに」という意味を表します。

---

[8]　こちらについては今井 (2019) の第9講で詳しく述べています。

● 文法の明示的説明は学習者に考えさせるスタイルであるべき

　理論的背景解説の最後に、授業での文法指導についての筆者の立ち位置をお話ししておきます。認知能力を活性化する学習法という観点から、学習者に既存の知識を総動員し、新しい学習項目が知識に取り込まれるように、認知能力を活用して考えてもらうことが重要と考えます。この意味で、実例（コンテクストのある例文）とイメージによる説明を重視し、学習者自身がルールを発見する帰納的な学習法を考えることが重要であると考えます。

　訳語と文法用語により抽象的に、演繹的にルールを説明するのは、学習者の側に「知りたい」、「なぜだろう」という受け皿ができていない状態での説明となり、教師は説明した満足感があるかもしれないですが、学習者にとっては、右の耳から入って左の耳から出ていってしまう可能性があると思われます。筆者は、Teaching is communication.（教えることはコミュニケーションである）と考えており、授業では、教え手と学び手の意思の疎通が行われる必要があると思います。それゆえ、明示的指導を学習者主体で、帰納的なプロセスを仕掛けた形で教えるのが良いと考えています。そのために有効な方法の1つに、クイズ形式で問いかけることがあると考えます。

理論的背景のまとめ

・ 学習英文法は、英語力の向上を支援するガイドであり、文法理論構築のための文法とは異なる。
・ それゆえ、説明はわかりやすく、英語力が向上することに役立つものであるべき。
・ 形（音）と意味は対応関係にある。
・ 同じ形をした表現のさまざまな意味は、類似性か関連性によってつながっている。
・ 過去形の基本イメージは「距離感」。
・ 仮定法は、現実からの距離感を表す過去形の用法である。つまり、

想像の世界を語る意味で、距離感を表す過去形が用いられている。
・ 文法の明示的説明は学習者に考えさせるスタイルで。

II　実践の展開：大学のコミュニケーション英語での活用例

● 導入（クイズ形式で考えさせる）

　理論的背景で述べた理論を基に、実際の授業で仮定法をどのように導入するかについて情報共有したいと思います。はじめに、(4) のように2つの文を提示し、その意味の違いを考えてもらいます。

(4) a.　What kind of book **will** you write?

　　 b.　What kind of book **would** you write?

(4a) の文は「どんな本を書くつもりですか？」という意味を表し、実際に本を書く予定の人に聞く質問です。一方、(4b) は「もし本を書くならどんな本を書いてみたい？」と想像上の質問をしていますので、実際に本を書きたいか書くことを考えたことがないかにかかわらず、「仮に書きたいならば」という空想の話をするときに使える文です。授業を英語で行う場合は、次のような導入も可能です。

　次の (5) の例文を板書し、以下のように進めます。

(5) a.　If you **want** to write a book, what kind of book **will** you write?

　　 b.　If you **wanted** to write a book, what kind of book **would** you write?

Look at these two sentences. What is the difference in meaning between (5a) and (5b)? Talk with your friends sitting near you. Okay, any volunteers who want to explain the difference?

ここで希望者がいれば、発表させます。または、教員が話し合いを聞いていて、正しい答えに辿り着いた学習者がいれば指名するのもいいでしょう。その後、教員が次のようにまとめます。

In (5a), present forms, *want* and *will*, are used. So, this sentence is talking about a fact. This is a question only for people who want to write a book. If you don't want to write a book, you don't need to answer this question. In (5b), however, past forms, *wanted* and *would*, are used. So, this question is talking about an imaginary situation. Regardless of whether you want to write a book or not, you need to give your answer imagining that you want to write a book.

　新出文法項目の導入では、学習者が既存の知識にアクセスして考えることが大切です。初めから演繹的に文法説明をするのではなく、まずは、新出文法項目が入った例文を既習の例文と比較して提示することで、学習者に自分の持っている知識を使って、既存の知識と新しい学習内容を関連づけて理解する機会を与えることです。「ああでもない、こうでもない」と学習者に試行錯誤させることが重要です。疑問を持っている状態でこそ、明示的説明も意味を成すと思います。

　学習者の側に、「なんだろう、どうしてだろう、知りたい」という受け皿がない状態で、明示的説明をするのは、餌を欲しがっていないツバメに餌を無理やり与えるようなもので、教師は説明したと思っても、学習者は覚えていないことが多いのではないでしょうか？これは、人が学習する際にも、「類似性」「関連性」に基づき、既存の知識と関連させて知識を整理していくということがあるので、認知能力を活性化する意味でも、考えさせる機会を与えることが大切と考えます。このように学習者に考える機会を与えた後、理解の確認と練習へと進みます。

■ **確認**

　クイズによる導入が終わったら、if 節の中の動詞が現在形の文と過去形の文を比較し、そのイメージの違いを確認します。たとえば、(6) の2 つの文と図 1 を提示します。

(6) a.　If I **have** time, I'll attend the party.

　　 b.　If I **had** time, I would attend the party.

　　　　（a）if 現在形　　　　　　　　（b）if 過去形

図 1　If 節の中の動詞の形と意味[9]

(6a) は、if 節の中に現在形（have）が使われています。現在形は、「事実である」という意味を表すので、「時間があることが事実となった場合には」という意味を表し、if のイメージは二択[10]、二股に分かれた三差路にいるイメージで考えることができます。図 1 (a) のように話し手は、☺ マークの位置に立っているとイメージしてみてください。つまり、時間がある可能性と、時間がない可能性がある状態での発話で、時間がある場合には、パーティーに参加するという内容を表すと考えることができます。

　一方 (6b) は、if 節の中に過去形（had）が使われていますので、現実か

---

[9]　今井 (2019, p. 99) 図 3 の引用である。

[10]　if のイメージが二択というのは、大西・マクベイ (2006, p. 26) で指摘されています。

らの距離がある条件を設定しての発話を表します。現実には時間がない人が、「時間があればパーティーに参加できるのに」と現実の反対の内容を表現している文なので、次のようにイメージすることができます。図1(b)の☺マークの位置、つまり、時間がない状況に話者は立っており、その反対の状況（時間がある）を設定しての発話なので、現実からの距離を表すために過去形が用いられています。

　ちなみに、if節内に過去形が使われている場合には、なぜ過去の二択の条件を表さないでしょうか？事実を表す過去形なら、すでに事実となっていることを表すため、2つの可能性があるif節で使われることはないからですね。つまり、ifスペースが立ち上げられた場合、現在形が使われれば、「～ということが事実となる場合」の意味を表し、過去形が使われた場合は、現実からの距離を表し、事実の反対の空想の世界を述べる表現となるのです。

■ 練習(1)　従来の「直接法から仮定法への変換」をインタラクティブに

　以上の内容を確認した後、次のような練習を実施することができます。従来から行われてきた「直接法から仮定法への書き換え」と類似はしていますが、実際の状況を説明する文を教師が言い、同じ内容を学習者が現実の反対という側面で述べる練習です。(7)に例を示してみます。

(7)　Imagine a situation where you are invited to a party, but since you are busy, you can't accept the invitation. In this case, what would you say? You can say, *I can't join you because I'm busy.* This is okay but if you want to be more indirect and politer, you can talk about the opposite situation by using the past tense. What would you say? Any volunteers? Right! Exactly! *If I had time, I could join you.* Okay, let's move on to another example. How about this situation? Imagine a situation where you want to send a text message to Maria, but you can't because you don't have your smartphone right now. In this case, what would you say? Yes, *if I had my smartphone, I could send a text message to Maria.*

このように、教師が英語で実際の状況を提示し、学習者とやり取りをしながら、学習者に過去形（仮定法）を用いて反対の状況を表現させることで、同じ内容を間接的に、丁寧に伝える練習をすることができます。

「直接法から仮定法への書き換え練習」も、EMI（English as a medium of instruction）という意味で、英文法を学ぶ手段として英語を使い、インタラクティブに行うことで、学習者はスピーキングにつながる文法を学んでいる感覚を体験できるのではないでしょうか？英文法の説明は、小難しい漢語の文法用語を日本語で聞いて理解するより、やさしい英語で概念を説明したほうがわかりやすい場合もあると筆者は考えています。もちろん、学習者が EMI として用いられるレベルの英語を理解する段階を超えているというのが前提条件になります。

では、学習者が EMI として用いられる英語の理解が困難な場合はどうすればいいかという問題ですが、漢語の使用を避け、大和言葉で説明することがよいと考えます。

■ 練習 (2) 「英語⇒英語」「日本語⇒英語」「状況⇒英語」練習

高校の「英語表現」（2022 年度からは「論理・表現」）の教科書には、仮定法の例文を日本語とともに提示する項目や、日本語で表す内容を仮定法で表現するタイプの練習問題が見かけられます。たとえば、次のページに示すのは高校の「英語表現」の教科書[11]からです。

このような日本文と英文の提示は、多くの場合、文法説明が行われ、せいぜい、1 回音読して終わりということが多いようですが、仮定法の文を言えるようにするためには、これらの表現を覚え、一部を代えていろいろなことを表現する例文として定着させることが重要です。

---

[11] 増進堂 *NEW STREAM English Expression 2*（平成 28 年版、p. 20）

Grammar Compass　仮定法

Basic　　現在の事実とは異なることや，実際にはおこりそうもないことを仮定して話をするとき，助動詞や動詞の過去形を用いて表します。

①もし先生のメールアドレスを知っていれば，このことをお知らせできるのに。

　　If I knew our teacher's email address, I **could tell** him this news.（仮定法）

②私たちの学校が共学だといいのに。

　　I wish our school **were** coeducational.（仮定法）

Advanced　　仮定法を用いて，過去の事実とは異なることや，現在や未来において起こるかもしれないことを表現することもできます。また，if を用いずに仮定のことを表現することもあります。

①もしあなたも昨日パーティに来ていたら，ブラッドに会えたのに。

　　If you **had come** to the party yesterday, you **could have met** Brad.

cf.　　You didn't come to the party yesterday, so you couldn't meet Brad.

　　　　　　　　　　　　　　　　　　　　　　　　　　　（過去の事実に即した表現）

②もっと早くからバイオリンを習っていればよかったのに。

　　I wish I **had started** to take violin lessons earlier.

③パソコンがなかったら，この仕事は丸一日かかるだろう。

　　This work **would take** a whole day **without** a computer.

　筆者は、文法は公式化された抽象的なルールとしてより、実際の文の形で学ぶことが有効だと考えています。仮定法で言えば、「If ＋ S ＋過去形 / 過去完了形, S' ＋助動詞の過去形＋動詞の原形 /have ＋過去分詞」といった抽象的な形ではなく、If I were you, I wouldn't do that.（そんなことしないほうがいいよ）のような具体的な例文で、かつ、学習者が言いたいことを表した文で学ぶことが有効と考えます。そこで、上記のような日本語と英語が併記された記述を説明に用いた後、ペアで2つのタスクを行います。

　ステップ1は、「英語⇒英語」練習です。一人が上記の英文を任意に選んで読み、もう一人が、何も見ずに相手の言った英文を聞いてリピートする練習です。たとえば、1人が This work would take a whole day without a computer. と読みます。それをペアの学習者は、教科書を見ずに聞き、リピートします。例文をすらすらと言えるようにすることが目的ですから、同じ文を何度出題してもよいということで、時間を決めて行います。皆さんもやってみてください。案外難しいですよ。経験か

ら、学習者はとても楽しんでやってくれると思います。

　ステップ2は、「日本語⇒英語」練習です。ここでは、一人が上記例文の日本文を読み、もう一人が何も見ずに英語を言います。たとえば、1人が「私たちの学校が共学だったらいいのに」と読みます。ペアの学習者は、教科書を見ずに、I wish our school were coeducational. と言います。例文を覚えることが目的ですので、言えないときは教科書を見て確認し、再度出題してもらうといいでしょう。

　これも時間を決めて、同じ例文を何度聞いてもいいということで行います。通例は、ここまでで終わりですが、学習者のレベルが高い場合は、次のステップ3も行います。

　ステップ3は、「状況⇒英語」練習です。一人が、例文を使う状況を英語で説明し、もう一人が英語を言う練習です。練習(1)で紹介したようなことを生徒同士で行わせます。たとえば、上の教科書の例で、1人がIf I knew our teacher's email address, I could tell him the news. という文を相手に出題することにした場合、You want to share some news with your teacher but since you don't know his email address, you can't do so. In this situation, what would you say? と言います。それを聞いたペアの学習者が、If I knew our teacher's email address, I could tell him the news. と言えれば正解です。なお、この課題は、学習者のレベルによっては、教師が状況を英語で提示して、学習者に答えとなる英文を言わせるタスクとしてもいいと思います。

● 自分の文を作る練習

　クイズによる導入、文法内容の確認と練習に続いて、自分の文を作る練習や仮定法の文をペアワークで使う練習をします。ステップ1は、クラス全体で行いますが、表現の一部を指定して文を作る練習です。ステップ2は、学習者に仮定法の文を作って、クラスメイトにインタビューする練習です。

　ステップ1では、たとえば、What would you do if you had one million

yen? という文の内容を理解した後、音読練習をし、「What would you do if ... を使ってペアで自分の文を作ってみましょう」という指示をします。その後、希望の学習者を募って発表させます。希望者がいなければ何名かを教員が指名してクラス全体に発表してもらいます。たとえば、次のような展開です。

■ 展開例

Teacher: Okay, everyone. Now make a sentence by using "What would you do if ...?" Any volunteers who want to share your sentence with the classmates? Okay, Emi, go ahead.

Emi: What would you do if you **have** a one-week vacation?

Teacher: You're asking about an imaginary situation, so you need to use ...

Emi: Ah, I see. What would you do if you **had** a one-week vacation?

Teacher: Exactly! That's correct! Any other volunteers? Who goes next? Maria.

Maria: What would you do if you found 10,000 yen on the road?

Teacher: Good! ...

このように、決まった形の一部を代えて文を作る練習をした後、「仮定法の文を 3 つ作って、2 人の友達に 3 つの文を質問してみましょう」というような課題を与えます。たとえば、次のように 3 つの文を作り、友達にインタビューします。

（例）　・You left your smartphone home and you need to make a phone call. If you were in this situation, what would you do?

　　　・What would you do if you were being tailgated by a crazy driver?

　　　・If your friend had no money and asked you to lend him 10,000 yen, what would you do?

　英語コミュニケーション能力育成に、文法は必要でしょうか？柳瀬陽介氏[12]が筆者の言いたいことと同じ趣旨のことを述べてくれていますが、答えは「文法」をどのように捉えるかで変わってきます。柳瀬氏は、文法を「体言化される文法」(grammar *of* a particular language) と「語られる文法」(grammar *about* a language) の 2 つに区別し、前者を「ある特定の言語の使用者が、その特定の言語を使用しているという事実において自然に示している文法」、後者を「ある特定の言語の使用について整合的に説明した言語 (＝メタ言語)」と定義し、「「学習英文法」は、学習者が「体現される文法」を体得するために使われる「語られる文法」です」と述べられています。

　筆者がこれまで考え、実施してきたことは、まさにこのことです。「学習英文法」は、学習者が英語を理解し、発信することが可能になるのを支援する文法であり、文法そのものの理解が目的ではないことを念頭に置いて、設計し使用されるべきものと考えます。Keene・松浪 (1969, p. 10) で、英語学習のための文法はルールではなく、ガイドであるということが述べられていますが、この指摘も柳瀬氏の指摘や筆者が実践していることと同様の指摘と考えられます。

　学習英文法の役割が、体言化された文法を身に着けるためのガイドであるなら、ガイドはあくまで参照点です。ガイドを手がかりに学習者が体現化された文法を習得できることが目的ですから、すべてを説明する必要はないと言えます。なぜなら人の認知能力にそこは頼れると考えるからです。しかし、人の認知能力とガイドによって、体現化された文法で英語を習得することができるかどうかについては、英語教育研究のテーマとして解明が待たれます。一方で、解明されていなくても、教室

---

[12]　柳瀬 (2012, pp. 52-55) は、筆者が考え、実践してきたことと同様のことをとてもうまく言語表現してくれています。

で効果があることはまずは使ってみるということも必要です。

　本章で扱った「仮定法を過去形の1用法として捉えた説明法」も、学習者が「体現化された文法」を体得するための「語られる文法」の理想的な形、つまり、英語学習を支援するガイドとなることを願います。

● 参照文献

今井隆夫 (2010).『イメージ捉える感覚英文法──認知文法を参照した英語学習法』東京：開拓社.

今井隆夫 (2019).『実例とイメージで学ぶ──感覚英文法・語法講義』(一歩進める英語学習・研究ブックス) 東京：開拓社.

河上誓作 (編著) (2019).『認知言語学の基礎』東京：研究社.

Keene, D.・松浪 有 (1969). *Problems in English: An approach to real life of the language* (英文法の問題点──英語の感覚) 東京：研究社出版.

籾山洋介 (2010).『認知言語学入門』東京：研究社.

Langacker, R. W. (2008). *Cognitive grammar: A basic introduction*. New York: Oxford University Press.

Lee, D. (2001). *Cognitive Linguistics: An Introduction*. New York: Oxford University Press. (宮浦国江 (訳) (2006)『実例で学ぶ認知言語学』東京：大修館書店.)

Littlemore, J. (2009). *Applying Cognitive Linguistics to Second Language Learning and Teaching*. New York: Palgrave Macmillan.

中川右也 (2014).「心的距離感の概念を用いた仮定法表現の指導法：学習英文法への認知言語学の応用」『日本認知言語学会論文集』*14*, 532–538.

大西泰斗・マクベイ, ポール (2006).『ハートで感じる英文法──会話編』東京：NHK 出版.

Steele, S. (1975). Past and irreals: Just what does it all mean? *International Journal of American Linguistics 41*, 200–217.

田地野彰 (2012).「学習者にとって「よりよい文法」とは何か？：「意味順」の提案」大津由紀雄 (編)『学習英文法を見直したい』東京：研究社.

柳瀬陽介 (2012).「コミュニケーション能力と学習英文法」大津由紀雄 (編)『学習英文法を見直したい』東京：研究社.

Yanase, Y. (2019). Pedagogical grammar: How should it be taught? In A. Tajino (Ed.), *A new approach to English pedagogical grammar: The order of meaning*. New York: Routledge.

● 参考資料

『中学校学習指導要領 (平成 29 年告示) 解説　外国語編』文部科学省.

CHAPTER**6**

時を表す前置詞 AT・IN・ON の イメージ指導法

中川右也

＼ 困っているのは、こんなこと ／

時を表す前置詞は中学で習う基本的な文法項目ですが、高校生でもまだ上手く使えない生徒が意外に多くいます。どうして前置詞が苦手なのかその要因を考えてみましょう。そして、アクティブラーニング型授業を取り入れ、生徒たちみんなが理解できる前置詞の教え方を提案したいと思います。

はじめに

　本章では、まず英語の前置詞 (preposition) の特徴と日本人英語学習者が前置詞を苦手とする要因について概観します。その後、時を表す前置詞 at・in・on に焦点を当て、理論言語学の 1 つである認知言語学の知見に基づき、イメージを使った効果的な学習法を示した上で、その学習法を採り入れた指導法を提案したいと思います。

Ⅰ　理論的背景

● 前置詞の特徴と日本人英語学習者が習得困難に陥る 3 つの要因

　前置詞とは、名詞（句）の前に置かれる詞（ことば）のことを言います。複数形の s を付ける名詞、過去形の ed を付ける動詞などとは異なり、

語形変化をしないことから、接続詞・冠詞などと同様に、不変化詞（particle）と呼ばれる仲間の 1 つです。さまざまな前置詞が英語にはありますが、使用頻度が高いものとして at、by、for、from、in、of、on、to、with の 9 つが挙げられ、これらの前置詞だけで全体の 92.6％を占めていると言われています[1]。

　巷では、「前置詞 3 年、冠詞 8 年」と言われることもあるくらい、英文法の難しい項目の 1 つとされています。日本人英語学習者にとって前置詞の習得が難しい理由として主に次の 3 つが考えられます。1 つ目は、母語である日本語には前置詞に相当するものが存在しないこと、2 つ目は、日本語訳に合わない場合もあること、3 つ目は、比喩的に意味が拡がること、がその理由として挙げられます。

● 母語である日本語には前置詞に相当するものが存在しないこと

　1 つ目の「母語である日本語には前置詞に相当するものが存在しないこと」について考えてみたいと思います。英語の前置詞は機能において、日本語の助詞に相当する場合もあります。たとえば英語における go to school の中の前置詞 to は、日本語における「学校に通う」の中の助詞「に」に相当します。しかし、日本語には英語の前置詞に相当する品詞が存在しません。母語である日本語の品詞にはない「前置詞」という品詞の概念を理解する必要性が生じることからも、英語学習の際に前置詞は難しく感じるのでしょう。さらに、日本語の品詞にはない概念であるため、前置詞に対する日本語訳も無数に存在します。試しに英和辞典で前置詞を調べてみると、その前置詞に対応する日本語訳の多さに気づくと思います。特に英語学習を始めた頃は辞書を頼りに学習を進める場合が多いと思いますが、その際、調べている前置詞について、どの日本語訳が当てはまるのか迷うことも多く、その結果、前置詞に対して難しいと感じるようになる学習者もいるのでしょう。前置詞の基本は空間

---

[1] Fries (1940)

的位置・移動関係を表しますので、次のようなイラストを使って代表的な英文と共に、中心的イメージを理解させることが大切です。

図1　基本的な前置詞の中心的イメージと英文

　上記のようなイラストは、前置詞の概念を表すことから、訳語からでは理解しづらい用例を理解する手助けになります。たとえば方向を示す日本語の助詞「に」に対する英語の前置詞は to と for が考えられます。

（1）　方向を示す日本語の助詞「に」に対する英語の前置詞 to と for

　　a.　Taro went <u>to</u> the station.
　　　　（太郎は駅に行った）

b. Taro went <u>for</u> the station.

（太郎は駅に向かって行った）

　(1a) は駅に到着したことまでも含意しますが、(1b) は到着したことまでは含意せず、ただ駅があるほうに向かって行ったことしか表しません。ちなみに、中学校で習う熟語 look for は、ある方向に目を向けているが、その物には到達してないことを表すため、「探す」という意味になるのです。このように、日本語訳だけでは表すことができない場合もあることから、イラストで前置詞の概念を提示することが有効と考えられます。

● 日本語訳に合わない場合もあること

　2つ目の理由である、「日本語訳に合わない場合もあること」について考えてみましょう。実は、2つ目の理由は1つ目の理由と関係しています。前置詞は日本語の品詞にはない概念であるために、それに対応する日本語訳が多数ありますが、初学者は英語と日本語を対応させながら覚える傾向にあり、初めて覚えた日本語訳が当てはまらない用例に出会った場合に混乱することがあります。たとえば学習者が前置詞 from を初めて学ぶ際、I came from Japan. のような英文で学び、前置詞 from に対応する日本語訳は「から」であると教えられたとしましょう。

(2)　　前置詞 from と日本語「から」の関係

a. Don't go far <u>from</u> home.

（家<u>から</u>遠くに行ってはいけません）

b. *The hotel is close <u>from</u> the town center.

（そのホテルは町の中心部<u>から</u>近いです）

c. The hotel is close <u>to</u> the town center

　前置詞 from を日本語訳「から」に対応させて覚えた場合、(2a) のような英文では当てはまりますが、(2b) のような英文の場合には当ては

まりませんから、混乱してしまうこともあるでしょう。「*」はその文が非文法的であることを表わしています。日本語では同じ「から」と訳す場合であっても、すべてが英語の from を使った表現であるとは限りません。次の from と of の使い分けの例を見てください。

(3)　　日本語「から」に対応する前置詞 from と of の関係

　　a.　　Cheese is made <u>from</u> milk.
　　　　　（チーズは牛乳<u>から</u>作られます）

　　b.　　The table is made <u>of</u> wood.
　　　　　（そのテーブルは木<u>から</u>作られています）

　(3) のような from と of の使い方を識別する際、通例、from の後ろは原料、of の後ろは材料が来ると教えられることが多いと思われます。ただし、原料と材料の違いそのものがわからない学習者にとっては難しく、また、そもそも日本語の「から」を表す英語がなぜ from と of に使い分けされるのかといった根本を理解したことにはならないため、使えるようにもなれません。日本語訳を通すことによって、かえって理解に支障をきたす前置詞の学習は、イラストを添えて前置詞の概念を理解させるとよいでしょう。

図2　前置詞 from の中心的イメージ[2]

前置詞 from は、図2が表すように「起点」を表します。図の左端が

---

[2]　図2〜4は、中川 (2013)

起点であり、そこから矢印の方向へと離れて別の場所に向かうことも含意されることから、「分離」のイメージへと広がります。この「離れて」というニュアンスがあるため、先ほどの (2b) においては「近い」を表す close とは相性が悪く、一緒には使えないのです。一方、(2a) の「遠い」を意味する far は、from が持つ「離れて」というニュアンスと相性が良いため、一緒に使うことができるのです。ちなみに、(2c) のように close が前置詞 to と一緒に使われる理由は、前置詞 to は「到達」を含意するために、「近い」を意味する close とは相性が良いからです。なお、前置詞 from の持つ「離れて」というイメージは、作られる前は液体であった牛乳が、作られた後では固体であるチーズへと変わり、姿形がかけ離れていることから、(3a) では from が使われると考えれば納得ができます。一方、(3b) は of が使われますが、前置詞 of は図 3 が示すように、全体の一部分を「分離」して取り出すイメージがあるためです。たとえば、one (out) of three と言えば、3 人の中から 1 人を抜き出すイメージとなり、「3 人のうちの 1 人」を意味します。

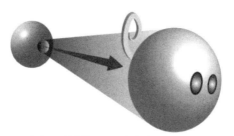

図 3　前置詞 of の中心的イメージ

　(3b) の of に関して、図 4 のようなイラストを添えると学習者の理解を促進させることができるでしょう。なお、of には一部分というイメージが連想されるため、木の一部分、つまり、材料そのものを使って作ることが背景に含まれます。

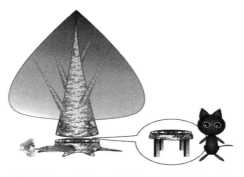

図 4　The table is made of wood. のイメージ

● 比喩的に意味が拡がること

　最後に、前置詞の習得を困難にする 3 つ目の要因である「比喩的に意味が拡がること」について考えてみましょう。前置詞は 1 つの語であっても複数の意味を持つ多義語としての側面があります。前置詞が多義的になる主な理由は、「人間は抽象的なことを具体的なものに置き換えて表現するから」です。

(4)　　前置詞 in の基本用法からの拡がり

　　a.　Taro is in the room.
　　　　（太郎は部屋の中にいます）

　　b.　We had the hottest summer in five years.
　　　　（私たちは 5 年の中で一番暑い夏を経験した）

　　c.　Taro is in love with Hanako.
　　　　（太郎は花子に惚れている）

　(4a) は基本的な in の用法であり、部屋という空間の中にいるという太郎と部屋との位置関係を表しています。(4b) は抽象的な「時間」を具体的な「物」に置き換えて表現した英文です。five years（5 年間）を一種の容器、つまり「物」に置き換えて、the hottest summer（一番暑い夏）

がその中に位置付けられた関係を示しています。

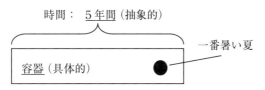

図5　時間の幅を容器に見立てた in five years のイメージ[3]

　このように、人間は抽象的な事柄を具体的な物に見立てて表現することがあり、心の中にあるその見立てのことを「概念メタファー（conceptual metaphor）」と呼びます。前置詞は概念メタファーを通すことによって多義性を帯びるのです。(4c) は恋愛している状況を容器に見立て、その状況の中に太郎がいることを表しています。人間は何かに没頭している際には、その状況に入り込んでいるというイメージを持っているのです。日本語における「夢中」という言葉に垣間見えるように、この点、英語と日本語は共通しているようです。

　前置詞は比喩的に拡がることによって用法も増えていきます。ここでは前置詞 under の例を見ていくことにしましょう。

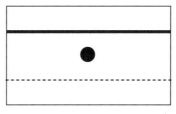

図6　under の中心的イメージ[4]

　図6が示すように、前置詞 under の中心的イメージは「下」に位置付

---

[3]　谷口 (2006) を基に図示したイメージ。

[4]　図6〜7は、Tyler and Evans (2003)

けられた関係を表します。点線は、黒い丸が太線と点線との間に挟まれている場合には黒い丸が太線と接触する可能性があることを表しており、接触する可能性がない場合には点線を超えたさらに下に黒い丸が描かれ、below を表すイメージになります。たとえば、「私の新しい車はカバーに覆われています」を英語では My new car is under a cover. と表現します。車はカバーの下に位置付けられていること、そして車はカバーと接触していることから under が使われ、通例、below は使われません。ちなみに、多くの場合、under は over、below は above に対する反意語になります。

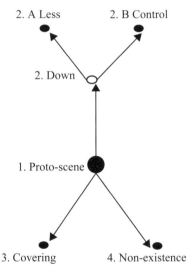

図 7　under の意味の拡がりを表すネットワーク

前置詞 under は、図 6 で示された中心的イメージから図 7 で示される意味のネットワークへと拡がります。物理的に位置関係が「下」を表す under の中心的イメージ（1. Proto-scene）は、低い位置（2. Down）という意味を内包していることから、under ¥5,000（5,000 円以下）で見られる「より少ない」を表す（2. A Less）用法や under his leadership（彼のリー

ダーシップの下）で見られる「支配」を表す（2. B Control）用法にもなります。これは、空間的位置関係を表す用法から抽象的な数値や立場関係における「下」を表す Down の用法へと under の持つイメージが拡がるからです。さらに、under a cover（カバーに覆われ）で見られる「覆い」を表す（3. Covering）用法や下へと沈み消えていく様相のイメージから、go under（倒産する）で見られる「非存在」を表す（4. Non-existence）用法にも拡がります。このように、前置詞は概念メタファーによって、中心的イメージから比喩的な用法へと拡がり、それに伴って抽象的な意味を表すことから、英語学習者の理解を阻害している要因の1つと考えられるのです。

　これまで述べてきました3つの要因によって、前置詞は日本人英語学習者にとって難しい文法項目の1つになっています。以上の内容をまとめたいと思います。

理論的背景のまとめ

- 日本人英語学習者にとって前置詞の習得を難しくさせる3つの要因
　　①母語である日本語には前置詞に相当するものが存在しないこと
　　②最初に学んだ日本語訳に合わない場合もあること
　　③比喩的に意味が拡がること
- 上記の3つの要因に共通することは、前置詞に対する日本語が多いことですが、日本語に依存しない前置詞の概念を表したイメージを用いた学習法であれば、納得しながら学習することが可能であることから、理解を促進させる効果が期待できると考えられます。

II　実践の展開

● 時を表す前置詞指導の案

近年、前置詞をイラストで効果的に学べるよう、工夫が施されている

一般書籍や教材を見かけることも多くなってきました。しかし、空間的位置関係を表す用法の前置詞に限られることが多く、学習者が理解しにくい抽象的な用法を表す前置詞については、イラストを使って工夫を凝らした説明も少なく、改善の余地がまだ多く残っています。その中でも、特に時を表す前置詞 at・in・on に関しては、中学校の初期段階で学ぶ基本的な前置詞ですが、高校生になっても習得できていないこともあります[5]。その主な原因は、「時刻、正午、夜を表す時の前には at、月、年代、季節、午前・午後を表す時の前には in、日付、曜日、特定の日を表す時の前には on を付ける」と暗記を強いられるからでしょう。さらに、日本語では同じ「〜に」と訳されるにもかかわらず、時を表す前置詞は at、in、on と使い分けがされることが挙げられます。2020 年度から高学年の教科「外国語」として導入された小学校英語においても、起床時間を表す I usually get up at six. や趣味を楽しむ曜日を表す I enjoy it on Sundays.、イベントが開催される季節を表す It is in winter. のような英語[6]を通して、時を表す前置詞に触れたり表現したりする機会もあります。このように、時を表す前置詞は避けては通れない用法であり、重要な用法の 1 つですが、効果的な指導法も確立されていないことから、学習者が躓くことが多い現状にあります。ここからは、空間的位置関係を表す用法から抽象的用法である時を表す前置詞をどのように繋げて指導すれば、学習者が暗記に頼らず納得しながら学ぶことができるのか、その実践事例を示していきたいと思います[7]。

● 実践例 1（説明中心型授業用）

はじめに at を考えていきましょう。at は空間的位置関係を表す場合には、場所を点として捉えている場合に用いられます。

---

[5] 詳しくは中川 (2019) を参照ください。

[6] 文部科学省 (2017)

[7] 時を表す前置詞のイメージ学習法の効果については中川 (2019) を参照ください。

(5)　　He lives at Kanda in Tokyo.[8]

　　　（彼は東京の神田に住んでいます）

　神田は東京よりも相対的に狭い場所であることから、神田という場所が点的に捉えられることによって (5) の英文のように at が用いられます。at のイメージは、位置付けられた場所を点的に捉える「一点」を表すことから、図 8 のようになります。

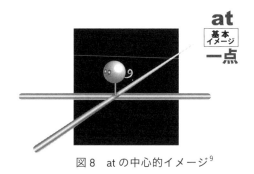

図 8　at の中心的イメージ[9]

at は空間的位置関係を表す場合には、場所を「一点」として捉えることから、時を表す用法においても時間的な一点、つまり瞬間的な時を表します。

　次に in を考えてみましょう。in は (5) の英文で示しましたように、空間的位置関係を表す場合には、場所を相対的に広く捉えている場合に用いられ、その場所の中に位置することを表します。in のイメージは次のようになります。

---

[8]　　小西 (1964)

[9]　　図 8 〜 10 は、中川 (2013)

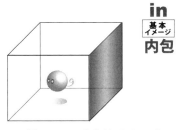

図9 in の中心的イメージ

in は空間的位置関係を表す場合には、相対的に広い場所の内部に位置する「内包」を表すことから、時を表す用法においても時間的に広い時を表します。

最後に on を考えてみましょう。空間的位置関係を表す場合、on はある物の表面に接していること、つまり「接触」というイメージを持ちます。図 10 は、その「接触」のイメージを表したものになります。

図 10 on の中心的イメージ

on は空間的位置関係を表す時には、あるものとあるものが「接触」していること表し、時を表す用法においても時間的な接触を表します。たとえば in time は「時間内に」を意味する一方、on time は「時間どおりに」を意味し、"ちょうどその時間" のようなニュアンスを持つように、時の用法においても、ある特定の時にぴったりと接触する感覚を持つ場合に使われます。特定の日や時間帯を表す Christmas Eve や the night of December 24 に on が用いられるのもこのためです。on the night of December 24 のような特定の時間帯を表す用法については、学校で学ぶことも少ないことから、ここでは考えないことにして、とりあえず学習者に「時の接触」というイメージを捉えやすくすることを優先するために、「カレンダーにステッカーを「ぴたっ」と張り付けられる時に on を使う」と説明するとよいでしょう。

　では、以上のことをふまえ、イメージを使って効果的に理解できる、時を表す前置詞について、具体的な説明方法の一例を示したいと思います。

■ 教師の説明

　　AT の例　前置詞 at は、My flight will arrive at Haneda Airport.（私が乗っている飛行機は羽田空港に到着します）に見られるように、ある場所の「地点」を表します。at のイメージを見てみましょう（図 8 を提示します）。この at の持つ「一点」というイメージから、時を表現する場合には時点、つまり瞬間的な時を表します。たとえば「11:00 p.m.」という時間や「正午（12：00）」は瞬間的な時であることから、それぞれ at 11:00 p.m. や at noon と英語では at を使うのです。

　　IN の例　前置詞 in は、Taro is in his bedroom.（太郎は寝室にいます）で見られるように、ある場所の「中」を表します。in のイメージを見てみましょう（図 9 を提示します）。比較的広い空間の中を表すことがわかりますね。この in の持つ「内包」というイメージからは、時を表現する場合には比較的幅の広い時を表します。たとえば「朝」という時間帯や「冬」という季節は幅のある時であることから、それぞれ in the morning や in winter と英語では in を使うのです。

　　ON の例　前置詞 on は、Look at the picture on the wall.（壁の絵を見て）に見られるように、物と物との「接触」を表します。on のイメー

ジを見てみましょう（図 10 を提示します）。この on の持つ「接触」
というイメージから、時を表現する場合にはある特定の時にぴった
たりと接触をする感覚、つまりカレンダーにステッカーをぴたっ
と張り付けられる時を表します。たとえば「月曜日」という曜日
や「8 月 11 日」という日付はカレンダーにステッカーを張り付け
て印を付けられることから、それぞれ on Mondays や on the 11th
of August と英語では on を使うのです。

　このような説明をすることで、ここには例として挙げられていない表
現にも応用することができます。たとえば、at に関して、最初と最後
は瞬間的な時であることから、それぞれ at the beginning of、at the end
of と表すことが理解できます。また、in に関して、年代、年代と月が
組み合わさった表現や世紀も幅の広い時であることから、それぞれ in
2020、in August 2020、in the 13th century のように表すことが理解でき
ます。さらに、on に関して、平日は月曜日から金曜日を表すことから、
カレンダーにステッカーを張り付けられる曜日を表す場合と同じように
on を使って on weekdays と表すことが理解できます。
　ただし、完全に万能な教授法がないのと同様に、この説明方法におい
ても注意すべき点があります。1 つ目は、本来は on を使うべき曜日や
週末であっても、幅のある時であると認識すれば、in を使うと考えて
しまう学習者もでてくるということです。時を表す前置詞を考える際に
は、in と on の内、まずは on が使える条件「カレンダーにステッカー
を張ることができるかどうか」を優先的に考えさせることで解決できる
と思います。2 つ目として、night は幅のある時であるにもかかわらず、
瞬間的な時を表す at を使って at night と表現することに納得ができない
学習者がでてくるということです。この問題は実は少し複雑です。活動
が行われることによって時間の経過が意識化される morning や
afternoon、evening などとは異なり、night はリラックスしたり寝たり
するなどの休息が主であるため、時間の経過が意識化されません。その

ために「点的」に捉えられる時であることから at が用いられるのです。day and night は「昼夜」、つまり 24 時間を表し、この表現の中にあるように day は「昼」を意味する場合もあります。その「昼」を表す day のみによって、24 時間で構成される「1 日」を表すことができるという事実からもわかるように、夜は時間の経過を感じさせることのない「点的」な時と人間は捉えるのです。このような理由により night は意識化されないため、まるですぐに過ぎ去ってしまうような瞬間的な時のように感じられることから at が使われるのです[10]。学習者には、上記の説明を簡略化し、次のように文化的背景に触れながら説明をするのもよいでしょう。

▌ **教師の説明：**

at night の例　英語は昔から使われている言語ですが、その昔は電気がなかったために、今のように夜に起きて活動することなどはありませんでした。現在でも夜は主に寝る時間ですね。目を閉じて目を開ければ朝が訪れているように、夜は一瞬の時、つまり点的に捉えられることから at が使われるのです。

　言語現象としては少し複雑な at night という表現ですが、高校 1 年生を対象に行った調査では、およそ 9 割の学習者が night の前置詞として at を正確に選択でき、他の問題よりも正解率が高かったという報告があります[11]。at night は、on Sundays、on Mondays や in April、in August のように様々な曜日や月と一緒に用いられることがなく、at night という 1 つの決まったフレーズとして用いられ、中学校の学習過程で頻繁に触れる表現であることが習得されやすい理由の 1 つと推測されます。時を表す前置詞を習得させるには、説明方法を工夫することはもちろん

---

[10]　Wierzbicka (1993)

[11]　中川 (2019)

のことですが、その表現にできるだけ多く触れ、使うことによって慣れ親しませることも必要不可欠であることがわかります。

● 実践例 2（活動中心型授業用）

　最近は学校教育の中にアクティブ・ラーニングを採り入れた実践が増えてきました。けれども、文法指導となると、どうしても教師の説明が中心になりがちになり、文法指導をどのようにアクティブ・ラーニングに転換するのか悩まれている先生方もおられるかと思います。ここからは、アクティブラーニング型授業[12]で文法を学習する「Active Grammar」の一例を紹介したいと思います。Active Grammar とは、著者が提唱する方法です。それは、文法学習を教師の説明一辺倒に依存するのではなく、協働学習を中心に授業を展開するアクティブラーニング型授業の1つです。

　まずは、ジグソー法[13]を援用したアクティブラーニング型授業の大きな流れを図示したものを見てみましょう（図11）。

---

[12]　溝上（2014）を参照ください。なお、「アクティブ・ラーニング」、「アクティブラーニング」、「アクティブラーニング型授業」の違い（中黒が付く場合と付かない場合や "型" が付く場合など）や定義については同書に詳しく書かれています。

[13]　ジグソー法とは、カリフォルニア大学の社会心理学者 Aronson ら（1978）が考案した学習法で、英語教育ではジグソーリーディングとして普及しています。基本は、資料を分け、学習者が分担してそれぞれ自分に割り当てられた課題に取り組み、その後、学習者が集まって情報の共有を図り、最後に、そのグループの学習者たちが情報を正確に共有できていなければ答えられない問題を解きます。学習形態がジグソーパズルを組み合わせるような過程に似ていることが名前の由来です。

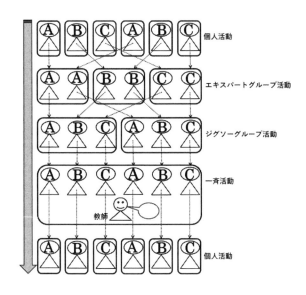

図11　ジグソー法を援用したアクティブラーニング型授業の流れ[14]

　問題を提示してすぐにグループ学習に取り組ませる光景を見かけることがありますが、友達に頼りっきりで、何もしない学習者（フリーライダー）がでてきてしまう恐れがあります。アクティブラーニング型授業の基本は、「個人活動⇒協働活動⇒個人活動」という過程になります。まずは個人でしっかりと考えさせ、その後、友達と考えを共有しながら問題解決をし、最後にもう一度、しっかりと理解し定着したかどうかを個人で振り返ることができる課題に取り組ませる、という過程が大切になります。今回は、個人活動として次のような問題を解かせます。

---

[14]　図11での各グループの人数は便宜的なものです。なお、A、B、Cは各生徒が担当する課題を表し、Aはat、Bはin、Conについて考えるという課題を与えます。

次の英文の（　）の中に at、in、on の中から適切な前置詞を入れなさい。ただし、前置詞はそれぞれ 3 回ずつ使います。

(1) Look at the picure（　）the wall.

(2) My flight will arrive（　）Haneda Airport.

(3) Taro is（　）his bedroom.

(4) Hanako takes piano lessons（　）Mondays.

(5) We have four classes（　）the morning.

(6) Taro came home（　）11:00 p.m.

(7) We have lunch（　）noon.

(8) We can ski（　）winter.

(9) My birthday is（　）the 11th of August.

図 12　適切な前置詞を入れさせる問題[15]

解答を教師が示した後、それぞれの前置詞 at、in、on が持つイメージと思われるイラストを図 13 のア〜ウの中から選ばせます。少し難しいと思われますが、空間的位置関係を表す前置詞をヒントにすれば正解にたどり着けます。

---

[15]　解答は (1) on，(2) at，(3) in，(4) on，(5) in，(6) at，(7) at，(8) in，(9) on になります。

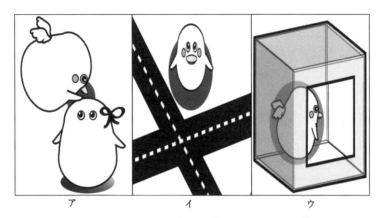

図 13　選択肢として与える前置詞のイメージ [16]

　この過程において、前置詞のイメージを選ばせるのではなく、イメージを学習者に描かせるといった方法もあります。ただし、前置詞のイメージではなく、英文が示す絵を描く学習者もでてくるかもしれませんので、at や in、on 以外の前置詞を 1 つ挙げ、図 2 や図 3 のようなイラストを使って、前置詞のイメージとは何かを具体的な例をもって示すとよいでしょう。

　解答を教師が示した後、学習者それぞれに 1 つ課題として担当する前置詞を伝えます。図 11 を基にしますと、A は at、B は in、C は on についての課題を与えます。

■ エキスパートグループ活動

　次に、同じ課題の前置詞を持つ学習者同士が集まるエキスパートグループと呼ばれるグループを作ります。エキスパートグループは、図 11 に示されているように、2 人から 4 人程度で構成するとよいでしょう。エキスパートグループ活動では、①課題として与えられた前置詞のイメージが何を表しているのか（たとえば at、in、on の中心的イメージは

---

[16]　解答はア on、イ at、ウ in になります。

それぞれ「一点」、「内包」、「接触」を表しています）、②そのイメージと英文で使われている用法との関係（たとえば、前置詞 at であれば、「一点」という中心的イメージは、(2) の英文では場所の「一点（地点）」、(6) と (7) の英文では時の「一点（時点）」という関係があります）を学習者同士で考えさせます。1 つの前置詞に対して英文が 3 つありますので、その 3 つの英文中の前置詞の共通性を探ることがエキスパートグループ活動の中の主な課題になります。この課題は難しいことから正解にたどり着くエキスパートグループは多くないかもしれません。しかし、1 人では解決できない課題であっても協働活動を通して課題が解決される可能性もあること、また考えるという過程が学びにおいては非常に重要な要素であることから、教師は各エキスパートグループがたとえ正解にたどり着かなくても、学習者の学びの過程を見守りながら忍耐強く学びを支援することが大切になってきます[17]。

制限時間を設定し、時間が経ったら説明が記載された解答を資料として各エキスパートグループに配布します。解答を配布する前に各エキスパートグループに答えを他のグループに聞こえないように発表してもらっても構いません。

前置詞 at のイメージは、My flight will arrive at Haneda Airport.（私が乗っている飛行機は羽田空港に到着します）に見られるように、ある場所の「地点」を表します。この at の持つ「一点」というイメージから、時を表現する場合には時点、つまり瞬間的な時を表します。たとえば「11:00 p.m.」という時間や「正午（12：00）」は瞬間的な時であることから、それぞれ at 11:00 p.m. や at noon と英語では at を使うのです。

図 14　前置詞 at の解答資料

---

[17] 益川 (2016) では、学習活動に対して教師が過度の介入をすると、正解に到達すること自体が目標になる恐れがあるため、気をつける点としてあげている。

前置詞 in のイメージは、Taro is in his bedroom.（太郎は寝室にいます）に見られるように、ある場所の「中」を表します。比較的広い空間の中を表すことがわかります。この in の持つ「内包」というイメージから、時を表現する場合には比較的幅の広い時を表します。たとえば「朝」という時間帯や「冬」という季節は幅のある時であることから、それぞれ in the morning や in winter と英語では in を使うのです。

図 15　前置詞 in の解答資料

前置詞 on のイメージは、Look at the picture on the wall.（壁の絵を見て）に見られるように、物と物との「接触」を表します。この on の持つ「接触」というイメージから、時を表現する場合にはある特定の時にぴったりと接触をする感覚、つまりカレンダーにステッカーをぴたっと張り付けられる時を表します。たとえば「月曜日」という曜日や「8 月 11 日」という日付はカレンダーにステッカーを張り付けて印を付けられることから、それぞれ on Mondays や on the 11th of August と英語では on を使うのです。

図 16　前置詞 on の解答資料

　このような解答を資料として配布するよりも、教師が学習者へ直接説明を行ったほうが良いという考え方があるかもしれません。しかしながら、自立した学習者を育てることを見据えた場合、教師の解説を聞いて理解するよりも、将来的には資料を自分で探し出して読み解くことができるよう、資料を自分で読んで理解する力を養うことのほうが有効であると考えられます。

　この過程では、教師は解答資料を読んでわからない箇所があればエキスパートグループ内の学習者同士で理解を促すようにします。学習者には、友達に説明ができるようになるまで理解するように伝えます。エキ

スパートグループ内で、学習者同士で説明をする練習をさせるのもよい
でしょう。

■ ジグソーグループ活動

　次に、各エキスパートグループから異なった課題を担当した学習者で
構成されるジグソーグループを作ります（図11ではA、B、Cから成るグ
ループ）。お互いが担当した前置詞について（①前置詞の中心的イメージ
と、②その中心的イメージは英文で使われている用法とどのように関係があ
るのか）教え合います。教え合いが終わった後、3つの前置詞の用法に
共通することは何かをジグソーグループで話し合わせます。答えは「3
つの前置詞は空間的位置を表す用法と時を表す用法がある」ということ
ですが、学習者からの答えが「具体的なことを表す用法や抽象的なこと
を表す用法がある」といった答えや「用法がたくさんある」といった類
のものであれば、大体は理解ができていると考えてよいでしょう。

■ 一斉活動

　最後は教師主導の一斉活動となります。生徒同士の教え合いには、ど
うしても誤概念が形成される可能性があります。その修正のために、教
師主導の一斉活動という形態で教師が先ほどの問題（3つの前置詞の用法
に共通すること）の解説をし、それぞれの前置詞の用法について復習を
します。もちろん、教師が解説をする前に生徒に問いを出して生徒がそ
の答えを言う形式で一斉活動を展開してもかまいません。復習を終えた
後、個人活動として、出題された問題の中の英文と同じ用法の前置詞
（それぞれの前置詞における空間的位置を表す用法と時を表す用法）を辞書や
教科書などから探すといった課題や類似問題を解かせるなど、知識の再
構築を図る活動を行うとよいでしょう。

　ここまで、活動中心型授業の1つとして提案しましたActive
Grammarを使った活動を述べてきました。この学習法を使った活動の
特徴は、たとえ問題が解けなかった場合においても、学習者が主体的に

学び方を学ぶ（イメージを使って前置詞を学ぶ）といった観点から捉えた場合、高次の認知スキルを身に付けることができるという点にあります。さらに、仮説を立てたり、原理を応用したり、内省したりといった深い学びに繋がる授業を実践することができるという点もあります。

　それぞれの活動を学びの段階を表す「認知レベル[18]」と照らし合わせながら考えてみましょう。教師や教材（解答資料など）の支援、つまり足場かけ（scaffolding）があった状態ですが、個人活動で行った、前置詞の持つイメージについて英文を基に「推測すること」、エキスパートグループ活動で行った、3つの英文中の前置詞の「共通性を探ること」、ジグソーグループ活動で行った、学習者同士で「説明し合うこと」、一斉活動で行った、復習とその後にもう一度課題や問題を個人に与えて「知識の再構築を図ること」、これらの学習過程は深い認知レベルでの活動になります。

まとめ

　本章では、時を表す前置詞 at・in・on を中心に、イメージを使った学習法の効果とその学習法を使った指導の実践例を紹介しました。時を表す前置詞の学習は、暗記を強いられることにより習得を困難にする側面があります。しかし、イメージを使った学習法であれば納得しながら理解できることを解説し、教室での実践例を示しました。また、教師の説明が中心になりがちな文法指導について、どのようにすれば生徒の活動を中心にした授業の展開ができるのか、その一例として、Active Grammar という学習法を採り入れたアクティブラーニング型授業を提案しました。この章で取り上げたような文法に関する明示的指導は、コミュニケーション活動と共に行うことで、明示的指導を行わない帰納的

---

[18]　Biggs & Tang（2011）の学習活動における認知レベルに基づく。

アプローチより効果的である[19] ことから、実際の教室では、表現活動と組み合わせて実践するとよいでしょう。

● 参照文献

Aronson, E., Blaney, N., Stephin, C., Sikes, J., & Snapp, M.（1978）. *The jigsaw classroom*. Beverly Hills, CA: Sage Publishing Company.

Biggs, J., & Tang, C.（2011）. *Teaching for quality learning at university*. Berkshire: The Society for Research into Higher Education & Open University Press.

Fries, C. C.（1940）. *American English grammar: The grammatical structure of present-day American English with especial reference to social differences or class dialects*. New York: Appleton Century Crofts.

小西友七（1964）. 『現代英語の文法と背景』東京：研究社.

益川弘如（2016）. 「知識構成型ジグソー法」安永悟・関田一彦・水野正朗（編）『アクティブラーニングの技法・授業デザイン』（p. 67–87）. 東京：東信堂.

溝上慎一（2014）. 『アクティブラーニングと教授学習パラダイムの転換』東京：東信堂.

文部科学省（2017）. 『小学校学習指導要領解説外国語活動・外国語編』

中川右也（2013）. 「きほんごレシピ」『きりはらの森』［アプリケーション］. 東京：桐原書店. Retrieved from http://kiriharanomori.jp/

中川右也（2019）. 「時間用法の前置詞における認知言語学的アプローチ：理論と実践の融合を目指して」『中部地区英語教育学会紀要』*48*, 235–242.

Norris, J. M. & Ortega, L.（2000）. Effectiveness L2 instruction: A research synthesis and quantitative meta-nalysis. *Language Learning, 50*（3）, 417–528.

谷口一美（2006）. 『学びのエクササイズ 認知言語学』東京：ひつじ書房.

Tyler, A., & Evans, V.（2003）. *The semantics of English prepositions: Spatial scenes, embodied meaning, and cognition*. Cambridge: Cambridge University Press.

Wierzbicka, A.（1993）. Why do we say in April, on Thursday, at ten o'clock?: In search of an explanation. *Studies in Language*, *17*（2）, 437–454.

---

[19]　Norris & Ortega（2000）

CHAPTER 7

アニメーションを利用した文法指導法

—与格交替（第 3 文型と第 4 文型の書き換え）を例に—

近藤泰城

＼困っているのは、こんなこと／

最近、学校が ICT 整備をしたため、電子黒板やタブレット PC を使った授業を積極的に導入していってくださいと言われます。しかし、いざ英語の授業で実践しようとするとき、デジタル教科書以外に思い浮かばない方もいるかもしれません。効果的に ICT を使える具体的な場面ってどんなときなのでしょうか。

はじめに

　本章では、英語の文法指導でアニメーションが効果的な役割を果たすことを訴えたいと思います。アニメーションの効果を例示するために、ここでは二重目的語構文と与格構文の書き換えの際の to と for の選択についての指導を例に出します。二重目的語構文とは、Yui gave Haruto a present. のように目的語が 2 つある構文のことなのは承知の事実かもしれませんが、与格構文とは Yui gave a present to Haruto. のような構造の文を指す用語です。

　二重目的語構文は、学校文法では第 4 文型（SVOO）に属します。学校の英語教育では、二重目的語構文を to や for を用いて与格構文に書き換えることを指導しますが、この時、前置詞の選択で to か for のどちらを選ぶかの理解が学習者にとっては難しくなります。そこで、本章では認知言語学の知見を説明の際に活用し、それをアニメーションで見せることを提案し

たいと考えます。視覚にも訴えるアニメーションを活用することで、短時間で深い理解を伴う指導が可能になるのではと考えています。

　高校では、主に生徒の自習用として、文法事項を網羅した市販の文法書を持たせることが多いです。「総合英語」と呼ばれるこれらの文法書は、文字や静止画（図やイラスト）を使って文法が説明されています。しかし、文法項目の中には、動きを伴って教えるほうが理解しやすい内容のものもあります。紙に書かれた（つまり、動きのない）文法書では説明に限界があるということです。

　テレビはもちろん、インターネットやスマートフォンなどに親しんでいる日本の中高生にとって、静止画と文字の説明から、この「動き」を思い浮かべることは難しいかもしれません。そこで、アニメーションを見せながら指導するほうが効果を発揮するのではないかと考えました。読者の皆さんにも実際にアニメーションを作成し、授業で活用いただけるよう、本章の最後に作成方法を書きました。ぜひ、試してみてください。

Ｉ　理論的背景

● アニメーションの教育利用への変遷

　特に理科教育の分野では、アニメーションを教材として活用することが注目され、これまでに多くの研究がなされてきました。そして、1990 年代以降、パーソナルコンピュータの発達とともに、さまざまな教育分野において、マルチメディア教材を利用することがブームになりました。イラストなどの静止画に加えて、アニメーションを利用した教材が多数開発されました[1]。機械の仕組みなど、科学現象の学習のためにアニメーションを活用する研究の中で、「アニメーションを見せることによって、頭の中でイメージすることが得意でない生徒の学習を促進す

---

[1]　Rieber（1991, p. 318）

る可能性がある」という指摘がされています[2]。

それと同じように、本章で例として扱う与格構文のように、「受け渡し」といった動的な性質をアニメーションで学習者に示すことで、彼らの文法理解が深まるのではないかと考えました。

● 二重目的語構文と与格構文

二重目的語構文を to や for を用いて与格構文に書き換えることをこの章では扱いますが、その前に次のことを考えてみましょう。二重目的語構文と与格構文が書き換え可能だということは、両者の構文で表す意味も全く同じなのでしょうか。認知言語学では、形が違えば、表す意味も異なると考えます。二重目的語構文と与格構文の場合にもこの原則が当てはまります。その表す意味は両者では完全には一致しません。この二つには意味が異なる場合もあることを、両者の細かい相違を実際に教える、教えないという議論は別にして、教師は知っておくとよいでしょう。したがって、ここではその違いが問題とならない範囲内での書き換えであるという点をお断りしておきます。

(1) の例文と図 1 を見てください。

(1) a. Yui sent Haruto a chocolate cake.

    b. Yui sent a chocolate cake to Haruto.

(1a) に対応する図 1a では、Haruto の所有の領域を表す右側の大きい円が太線で表されています。これは「Haruto が受け取った。所有した。have の状態になった」ということを示しています。これを (2) のように表すこともあります。「Y が Z を受け取ることを X が引き起こす」という意味です。

---

[2] Hegarty & Kritz (2007, p. 7)

(2)　　X causes Y to receive Z[3]

　一方、与格構文である (1b) を表す図 1b では、移動を表す矢印が太線になっています。これは移動を表す to があるために、Haruto に向かって cake が移動した経路に焦点が置かれていることを表します。このようによく似た意味を表していても、焦点の当て方の違いで意味の差が生じるのです。

(a)　　　　　　　　　　　　　　　　　　　　　　(b)

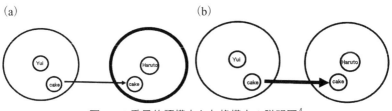

図 1　二重目的語構文と与格構文の説明図[4]

　そこから、動詞によっては以下のような意味の差が生じることもあります[5]。

(3)　a.　Mary taught French to Bill.
　　　b.　Mary taught Bill French.

　二重目的語構文では「所有」が含意されていますから、(3b) では、Mary が教えて Bill は学んだ、少なくとも少しは習得したという意味になります。一方、(3a) の与格構文は、Mary は Bill に向かってフランス語を教えたが、必ずしも「所有」に至ったということは意味しない、つまり「学ばなかった」ということもあり得るのです。教師はこのような

---

[3]　Goldberg (1995, p. 3)

[4]　図 2 は、Langacker (1986, p. 14) にある図を基に筆者が作成しました。

[5]　Goldberg (1995, p. 33), 田林 (2008, p. 110)

差があることを知っておく必要があるでしょう。

　なお、二重目的語構文と与格構文の詳細な意味の違いについては、英語母語話者の中でも意見の分かれることもあるようです。とはいえ、上記の内容は言語学者が指摘しているという背景もありますので、形が違えば意味が異なるということを教師が知っておくという意味では、重要なことではないかと思われます[6]。

● to と for の選択

　それでは、二重目的語構文を to または for を用いて与格構文に書き換える際に、どちらの前置詞を選択すべきか、どう判断するか考えていきましょう。暗記のみでは学習者の負担が大きいので、意味の面からもその判断基準を示すのがよいと思います。to は方向性（～へ）、for は受益性（～のために）と、意味的側面から両者の違いを指導する方法です[7]。しかしながら、問題点もあって、たとえば、teach の意味を「～の<u>ために教えてあげる</u>」と思い、本来 to を選ぶところ、for を選んでしまうようなことがあり得るということです[8]。

　そこで、その代案として、「"相手" が存在しなければ、その行為を遂行したとは言えない動詞」かどうかで判断することが提案されています[9]。to 与格構文と for 与格構文の本質的な違いは、前置詞 to と for の意

---

[6]　この段落の内容は今井隆夫氏のコメントです。また、今井 (2012, pp. 460–469) では、Langacker (1987, p. 39) の指摘に言及し、二重目的語構文と与格構文の両方に移動の意味と、その結果、所有したという意味があるが、これは相対的にどちらの意味がより前景化するかという際立ちの程度 (salience) の問題であり、文脈や使われる動詞の種類によって、次の3つの場合があるため、英語母語話者間でも判断が異なることもあると述べています。つまり、①どちらか一方の形式しか通例用いられない場合、②どちらの構成体でも意味の差がない場合、そして、③どちらの構成体も用いられるが意味に違いが出る場合、です。

[7]　たとえば、『ブレイクスルー総合英語〈改訂二版〉（美誠社）』の p. 56 をはじめ、多くの「総合英語」でこの説明が採用されています。

[8]　中川 (2019, p. 50)

[9]　中川 (2019, p. 50)

味の違いに起因したものです。「前置詞 to と for は、対象に向かう『方向』を表すことは互いに一致しているものの、決定的に異なるのは、to は対象への『到達』を含意する」ことです[10]。したがって、to 与格構文となる動詞は、動作が到達する受け手が必ず必要な動詞ということになります。teach は、「教えられる相手」がいないと動作が成立しない動詞のため to 与格構文になるのです。このような二重目的語構文と to や for を用いる与格構文との書き換えなどについて、動きの伴うアニメーションを用いて説明することが有効だと思われます。短時間で印象深い指導が可能になると考えています。

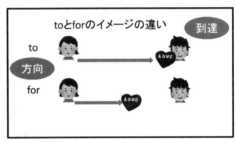

図2　to と for のイメージ（本章のアニメーションより）[11]

理論的背景のまとめ

・ 文法の理解には、アニメーションを使用して教えるほうが有効だと思われる場合がある。

・ つまり、静的な説明から動的なイメージを想起することが得意でない学習者には、アニメーションを用いて説明するほうが、理解が深まる可能性がある。

・ アニメーションを活用することで、短時間で印象深い説明ができる

---

[10]　中川 (2019, p. 50)

[11]　今井 (2010 p. 110) や中川 (2019, p. 50) の図なども参考にしてください。

のではないだろうか。

・アニメーションの活用例として、本章では二重目的語構文と与格構文の書き換えを提示する。

II　実践の展開

● 与格交替を例にとって

　アニメーションを使用して授業をするとしたら、こんな風に指導できるという様子を、与格交替を例に取り、スライドの画面と、そこで説明する内容、そしてスライドの動きの説明を載せて説明します。

表1　スライドの画面と説明[12]

スライドと説明の内容（アニメーションの動きを示しました）

■ I枚目のスライド■

📖 **説明に合わせて、上から順に表示される**

　今日は、英語の文型を学びましょう。今日学ぶ文型では、「人から人へ物が渡される」様子が表現できます。

　たとえば、Yui gave Haruto a chocolate cake. では、Yui は、あげた、Haruto に、chocolate cake を、という意味になりますね。そして、次の文は、Yui は、送った、Haruto に、email を。そして、次は、Yui は、作ってあげた、Haruto に、lunch を。もうひとつ、Yui は、買ってあげた、Haruto に、ice cream を、という意味になります。文の先頭は渡す人、二番目は動作を表す動詞、三番目は受け取る人、四番目は渡されるものを表す言葉が来ます。いろいろなことが表現できそうですね。

---

[12]　イラストは、「いらすとや」https://www.irasutoya.com/ を利用しました。

■2枚目のスライド■

---

to や for を使って書き換えができる

Yui gave Haruto a chocolate cake.

Yui made Haruto a chocolate cake.

ところで、この文型は前置詞 to や for を使って別の形でも表現できます。

---

to や for を使って書き換えができる

Yui gave Haruto a chocolate cake.

Yui gave a chocolate cake to Haruto.

Yui made Haruto a chocolate cake.

🖥 **"Yui gave a chocolate cake to Haruto." が表示される**

まず、Yui gave Haruto a chocolate cake. は、Yui gave a chocolate cake to Haruto. と表現することもできます。

---

to や for を使って書き換えができる

Yui gave Haruto a chocolate cake.

Yui gave a chocolate cake to Haruto.

Yui made Haruto a chocolate cake.

Yui made a chocolate cake for Haruto.

🖥 **"Yui made a chocolate cake for Haruto." が表示される**

次に、Yui made Haruto a chocolate cake. は、Yui made a chocolate cake for Haruto. と表現します。

---

to や for を使って書き換えができる

Yui gave Haruto a chocolate cake.

Yui gave a chocolate cake to Haruto.

Yui made Haruto a chocolate cake.

Yui made a chocolate cake for Haruto.

to か for かどっちなんだろう？

🖥 **"to か for かどっちなんだろう？" が表示される**

でも、to か for かどっちを使うのでしょう。それは動詞によって決まります。でも、決まりますって言っても、動詞ごとに暗記するのは嫌ですよね。心配しないでください。ちゃんと選び方があるんです。

150

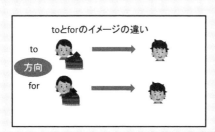

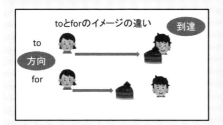

💻 **表示された状態で以下の説明を
する**

to か for かを選ぶには、to と for
が持っている意味、そのイメージ
の違いを知ることが重要です。

💻 **「方向」の吹き出しと矢印が順に
表示される**

to も for も方向を示しています。こ
の点は共通です。

違いは、to には「到達」のイメー
ジが含まれていることです。

💻 **"到達" の吹き出しが表示される**

toの場合は、Haruto に chocolate
cake が届いています。

💻 **「chocolate cake」が「Yui」か
ら「Haruto」に移動し、矢印が
現れる**

一方、for の場合には、chocolate
cake は、Haruto に向かいますが、
届いたかどうかはイメージに含まれ
ていません。

💻 **for の側の "chocolate cake"
が "Yui" から途中まで移動して、
止まる**

Haruto のために作ったけど、まだ
渡していない、などの場合です。

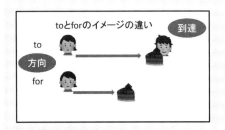

ですから、for で書き換えをする動詞は、受け取る相手がいなくても動作が成立するのです。

💻 **"Haruto" が消える**

■ 4 枚目のスライド ■

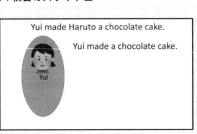

まず、make、を見てみます。Yui made a chocolate cake. のように、Haruto がいなくても、言えちゃいますね。

💻 **ここで "Yui made a chocolate cake." の英文が表示される**

イメージで確認しましょう。

💻 **Yui の楕円形が表示される**

💻 **Yui がコックさんの姿になる**

Yui が作った chocolate cake を、

💻 **"chocolate cake" が表示される**

このように make が表す動作の受け取る相手がいなくても、できますね。

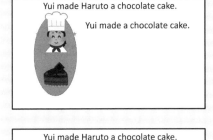

もし Yui が Haruto のために作ったのなら、

💻 **"Haruto" の吹き出しが表示される**

for を使って、Yui made a chocolate cake for Haruto. と言うのです。

💻 **"Yui made a chocolate cake for Haruto." の英文が画面下に表示される**

Yui made Haruto a chocolate cake.

Yui made a chocolate cake.

Haruto がいなくても動作ができるなら for

Haruto

Yui made a chocolate cake for Haruto.

💻 **"Haruto がいなくても動作ができるなら for" の円が表示される吹き出しが表示される**

このように Haruto、すなわち受け取る相手がいなくても動作ができるなら for を使って書き換えます。

■5枚目のスライド■

Yui gave Haruto a chocolate cake.

Yui gave a chocolate cake.

💻 **"Yui gave Haruto a chocolate cake." は最初から表示されている**

では、give の場合はどうでしょう？まず Haruto がいない状態で試してみましょう。Yui gave a chocolate cake.

💻 **"Yui gave a chocokate cake." が表示される**

Yui gave Haruto a chocolate cake.

Yui gave a chocolate cake.

Yui

イメージで確認しましょう。

💻 **"Yui" と "chocolate cake" のイラストが順に表示される**

Yui が chocolate cake を持っています。

Yui gave Haruto a chocolate cake.

Yui gave a chocolate cake.

Yui

Yui が chocolate cake を渡します。

💻 **"chocolate cake" が右のほうに移動する（"chocolate cake" が宙に浮いてしまう様子で、相手がいないことを印象付けることを意図）**

ああ、chocolate cake がさみしそうです。Yui もさみしそうですね。

🖥 "Yui" と "chocolate cake" は最初から表示されている

give、あげる、という動作には相手がいないといけないんですね。Haruto に登場してもらいます。

🖥 "Haruto" の楕円が表示される

そして、chocolate cake が Yui から Haruto に移動します。

🖥 "chocolate cake" が "Haruto" のほうに移動する

こ れ で、Yui も、Haruto も choco-late cake もうれしそうです。

こういう時には、Yui gave a choco-late cake to Haruto. と to を使うのです。

🖥 "Yui gave a chocolate cake to Haruto." が画面下に表示される

相手がいないと動作がやりとげられない動詞は to で書き換えるのです。

🖥 "Haruto がいないと動作がやりとげられないなら to" の吹き出しが表示される

■ 7枚目のスライド■

> 確かめてみよう
> Yui gave Haruto a chocolate cake.
>
> Yui bought Haruto an ice cream.
>
> Yui made Haruto lunch.
>
> Yui sent Haruto an email.

💻 **" 確かめてみよう " は最初から表示されている**

それでは最初に見た例文で確かめてみましょう。

💻 **例文が 4 つ表示される**

書き換えるとき、どの文が to を使い、どの文が for を使うか考えてください。

> 確かめてみよう
> Yui gave Haruto a chocolate cake.
>   Yui gave a chocolate cake to Haruto.
> Yui bought Haruto an ice cream.
>   Yui bought an ice cream for Haruto.
> Yui made Haruto lunch.
>   Yui made lunch for Haruto.
> Yui sent Haruto an email.
>   Yui sent an email to Haruto.

💻 **説明に合わせて答が表示される to と for だけ赤字で表示されている**

give、「あげる」は相手がいないと動作が完了しません。だから to を使って書き換えます。buy「買う」は相手がいなくても大丈夫。だから for です。make「作る」も相手がいなくても大丈夫。だから for を使います。send「送る」は、相手がいないと送れないので to で書き換えます。

```
┌─────────────────────────────────────┐
│              まとめ                   │
│ ・受け取る相手がいないと成立しない動作の動詞はtoを使う。│
│    ・例：give(あげる), teach(教える), lend(貸す), send(送る), │
│       show(見せる)                   │
│ ・受け取る相手がいなくてもできる動作の動詞はforを使う。│
│    ・例：buy(買う), make(作る), choose(選ぶ), │
│       find(見つける), cook(料理する)   │
└─────────────────────────────────────┘
```

🖵 **上から順に表示される**

まとめます。受け取る相手がいな
いと成立しない動作の動詞は to
を使います。

例として、give（あげる）、teach（教える）、lend（貸す）、send（送る）、show
（見せる）などがあります。相手がいないと動作がやりとげられないですよね。次
に、受け取る相手がいなくてもできる動作の動詞は for を使います。例としては、
buy（買う）、make（作る）、choose（選ぶ）、find（見つける）、cook（料理する）
などです。どの動詞で to を使い、どの動詞で for を使うか理解できたで
しょうか？

「定着」ということを考えた場合、アニメーションを見せ、説明する
だけでは十分ではないかもしれません。アニメーションで基本概念を学
習した後に、コミュニケーション活動を十分に考慮した有意味文脈の中
で、to か for かの練習をペアワークなどで練習すると良いと思います。

● アニメーションの設定方法

　本章で紹介したアニメーションの作成に利用した Microsoft 社の
PowerPoint には、さまざまなアニメーションの効果が用意されていま
す。それらを活用して、読者の皆さんもご自身で文法説明のためのアニ
メーションを作成されることを期待します。ここでは、アニメーション
の作成方法の基本を説明しておきます。

　最もよく使われるアニメーションは、箇条書きが一行ずつ表示される
ものですね。本章のアニメーションの設定の仕方も、それと同じです。
テキストボックスでも画像でも図形でも、ともかくそれを選択してくだ
さい。まず、編集画面の上のメニューから、アニメーションのタブをク

リックします。そうすると、そのすぐ下にアニメーションの操作に関するボタンがたくさん横に並んだリボンが現れます。

図3　Microsoft PowerPoint のアニメーションのリボン

　ここで、それぞれのボタンをクリックすると、非表示の状態からどうやってそのアニメーションが表示されるかを指定できます。もし、ある段階で当該のアニメーションを消したいのであれば、「アニメーションの追加」ボタンをクリックして、図4のようなメニューを表示し、下のほうの「終了」から消え方を選んでください。

　「強調」はすでに表示されている文字や図の大きさや向きなどが変化し、目立つようにするものです。動作後には元に戻ります。

　本章のアニメーションでは、ケーキが移動しますが、これは図4のメニューの一番下の「アニメーションの軌跡」を使用します。動かしたいオブジェクト（ケーキ）を選択し、図4の中から利用したいアニメーションの軌跡を選択すると、図5のような表示になります。出発点や到達点を移動させ、アニメーションの動きを調整します。

　PowerPoint には、ナレーション録音機能があります。スライドを

図4　アニメーションのより詳細なメニュー

操作しながらナレーションを録
音していくと、スライドの切り
替えやアニメーションの動きの
タイミングを記録し、そっくり
そのまま再生することができま
す。それを授業で再生し、教師
は生徒の理解の様子を観察する
こともできます。同じ内容を教

図5　アニメーションの軌跡設定画面

えるクラスの数が多く、説明を繰り返さなくてはならないような場合、
説明が楽になります。欠席した生徒の対応にも役立つでしょう。

　ナレーションの録音の前に、アニメーションを完成させておいてくだ
さい。準備ができたら、メニューからスライドショーのタブをクリック
し、図6のリボンを表示させてください。

図6　スライドショーのリボン

　「スライドショーの記録」ボタンをクリックすると、図7のようなメ
ニューが表示されます。そこで、初めてなら「先頭から録音を開始」を
選択し、アニメーションを操作しながら説明してください。アニメー
ションのタイミングと音声が一緒に記録されます。「現在のスライドか
ら録音を開始」を選択すると、表示されているスライド以降を変更する
ことができます。そのスライドの録音が終わったら、画面左上にある右
のボックスの「×」をクリックすることで、録音を中断できます。エス
ケープキーでも止めることができます。作成を始める前に、パソコンの
録音機能の設定を確認してください。せっかく作業したのに、録音され
ていないというのは残念ですから。

図7 スライドショーの記録のボタン

　本章で紹介したアニメーションにナレーションを付けたものを、下記のサイトからダウンロードいただけます。実際にアニメーションの動く様子をご覧いただければと思います[13]。

http://www.9640.jp/eshikumi

まとめ

　本章では、文法指導においてアニメーションを活用することが有効ではないかと提案しました。筆者は、アニメーションを用意し活用することにより、短時間に印象深い学びが生まれるのではと考えています。そして、アニメーションにあらかじめナレーションをつけておけば、説明を見ている学習者を観察する余裕を教師に与えるかもしれません。欠席者にこれを見せることも可能です。次年度に同じ内容を教えるなら、そのまま活用することもできます。ぜひ、試してみてください。

● 謝辞

　本章の執筆の機会をくださった編者の白畑知彦先生に深く感謝いたします。また執筆にあたり、中川右也先生、今井隆夫先生から数えきれないご指導・ご助言をいただいたことに心より感謝いたします。認知言語学談話会でご意見をくだ

13　作成方法について疑問等がありましたら、サイトからお問い合わせください。筆者のわかる範囲で回答させていただきます。

さった宮浦国江先生、大西美穂先生、都築雅子先生、中谷博美先生からはさまざまな改善案をいただきました。深く感謝いたします。この章の不備は筆者にすべての責任があることを申し添えます。

● 参照文献

Goldberg, A. E. (1995). *Constructions: A construction grammar approach to argument structure.* Chicago: University of Chicago Press.

Hegarty, M., & Kriz, S. (2007). Effects of knowledge and spatial ability on learning from animation. In R. Lowe & W. Schnotz (Eds.), *Learning with animation* (pp. 3–29). New York: Cambridge University Press.

今井隆夫 (2010).『イメージで捉える感覚英文法』東京：開拓社.

今井隆夫 (2012).「英語学習への応用の観点から "Would you give me a wine?" を考察する」『日本認知言語学会論文集』*12*, 460–466.

Langacker, R. W. (1986). An introduction to cognitive grammar. *Cognitive Science*, *10*(1), 1–40.

Langacker, R.W. (2008). *Cognitive grammar: A basic introduction.* Oxford: Oxford University Press.

中川右也 (2008).「二重目的語構文と与格構文をめぐって：構文指導における理論と実践」『CHART NETWORK』*54*, 19–22.

中川右也 (2019).「英語学はどのように英語教育に寄与できるのか：教育現場からの示唆」『KELES ジャーナル』*4*, 41–60.

Rieber, L. P. (1991). Animation, incidental learning, and continuing motivation. *Journal of Educational Psychology*, *83* (3), 318–328.

田林洋一 (2008).「英語の与格交替におけるモダリティの役割について」『清泉女子大学大学院人文科学研究科論集』*14*, 107–123.

吉波和彦・北村博一・上野隆男・本郷泰弘 (2011).『ブレイクスルー総合英語〈改訂二版〉』京都：美誠社.

CHAPTER **8**

用法基盤モデルと
CLIL に基づく英語の指導
―英米文学教材を題材にして―

柏木賀津子

＼ 困っているのは、こんなこと ／

さまざまな英語活動を交えながら、ストーリー性のある内容
豊かな物語を英語で読んでもらうのはとても難しいことです。
ひとまとまりの物語を読むことによって、使える英語表現を
身に付け、文法知識も得られる方法を提案します。

はじめに

　本章では、筆者が実践を試みた「内容（英米文学の活用）と切り離さな
い文法指導」に基づいて、理論と実践を繋いだ英語の指導法を紹介したい
いと思います。本章の構成として、「I 理論的背景」では、ひとまとまり
のフレーズの蓄積から、フレーズ内の部分入れ替えをする経験を通して、
文構造に気づいていく「用法基盤モデル（Usage-based Model：UBM）」の
考え方を紹介し、次に、内容と文構造を切り離さず重ねて学ぶ「内容言
語統合型学習（CLIL）」の指導法を紹介します。そして、この 2 つが英語
の指導にどのように関連付けられるかについて考察します。

　「II 実践の展開」では、中学校における英米文学（英語の絵本を含む）
の取り扱いの意義をまとめます。そこでは、英米文学に慣れ親しむ活動
において、UBM の視点から文構造を見つけていくような言語活動例、
ストーリー・プロットや、原因と結果を考える言語活動例（CLIL での思

考) を紹介します。最後に、生徒の文構造への気づきを引き出した後で、それを明示的に説明する指導法を提案します。

I　理論的背景

● 英語の4技能5領域

　2021年度の中学校外国語科新学習指導要領において、英語の文の理解面は、「身近で簡単な事柄について、聞いたり話したりするとともに、音声で十分に慣れ親しんだ外国語の語彙や基本的な表現を推測しながら読んだり、語順を意識しながら書いたりして、自分の考えや気持ちなどを伝え合ったりする」ことに重点が置かれます。また、五つの領域として、①聞くこと、②読むこと、③話すこと (やりとり)、④話すこと (発表)、⑤書くことが示されています。この目標の下、英語に慣れ親しんだ小学生が中学校に進む際に、「内容が聞ける」「身近な単語がわかる」「聞いて大まかに意味がわかる」「簡単なやりとりを楽しめる」ことは言語習得をするための重要な基盤だと考えられます。中学校では、ティーチャー・トーク (構造化インプット) を用いて、生徒がわかる英語を使って授業を行います (「構造化インプット」については、章末の「補足説明1」を参照ください)。

　この方法によって、「生徒が文構造に気づく」場面を創出していきます。「話すこと」(やりとり) では、「その場で適切に応答する即興性」「口頭で会話を続ける」ことを重視します。また、扱う内容では、「社会的な問題について考えたことや感じたことを話す」とされています。「文脈と切り離した文法指導は実際の言語使用では使えない」という新学習指導要領の真意を考え、インプットを豊かにし、意味のある文脈の中で生徒が繰り返し出会うひとまとまりの表現 (つまり、チャンク) が内包する文構造を発見させながら、手続き的知識 (後述) を得させる場面に時間をかけ、最後に明示的な文法説明に持っていく指導の順序が大切だと筆者は考えています。

● 用法基盤モデル（UBM）

UBM の視点から、英語教育に活かせるポイントをまとめます。母語習得研究において、2 歳児ぐらいの子どもは、"Draw a square on it." といったひとまとまりの表現を、最初は分析せず丸ごと表現（アイテム）として聞いたり模倣したりするのですが、この学びのことを「アイテム学習」と言います[1]。また、子どもはやがて別々のアイテムにまたがるパターンを見つけ、"Draw a X on Y" のように言語スロットを形成していきます。これを「カテゴリー学習」と言います。このプロセスを経て初期のルールを形成し、模倣的な発話が始まり、長い時間をかけて産出的発話がみられるようになるという考え方があります。

外国語学習においても、学習者はまず、教師のインプットから使えるアイテム（exemplars）に出会い、他者とインターラクションを行いながら、意味を音声形式にマッピングし分析を繰り返し行うプロセスを経て、言葉の産出に繋がっていくという意見があります[2]。

以上の主張に基づけば、小学校外国語科から中学校入門期においても、学習者が意味のある内容に耳を傾けながら、チャンク全体の音声や意味に素早くアクセスできるような「アイテム学習」を初級の学習時期から経験させるとよいことになります。つまり、次のような学習過程があるのではないかと仮定します。たとえば、"Draw a square on it." と聞いたとき、学習者はまず、square といった、比較的耳慣れた部分（初期のスロット）"---square" の部分に着目して聞きます。何度か聞いているうちに、視覚的な助けや、教師の意図が自分に向かうことで、"Draw---" のように、フレーズの中に含まれる、聞いてわかる単語の前や後ろの音声に着目を向けていくため、スロット形成の分類（Slot-filter category）をしていきます。

「アイテム学習からカテゴリー学習へ」のプロセスは、さまざまな言

---

[1] Tomasello（2003）

[2] Ellis and Larsen-Freeman（2009）

語活動において人が働かせることができる自然な認知であると言えるのではないでしょうか。この認知プロセスでは、構造化インプットが欠かせないものとなります。また、英語を外国語として学ぶ日本のような学習環境（English as a foreign language: EFL）においてこそ、指導者が生徒に聞かせるインプットは、天気や道案内といったおきまりの話ではなく、生徒が英語の音声形式と意味を結びつけたくなり、実際に使いたくなるもので、教師自身を具現化し表現しようとする内容が適していると思います。そういう場面で初めて、英語のインプットを自分の考えと重ね、そこから得た概念を抽象化するようになるからです[3]。

　筆者はこれらの視点をもとに、「事例から規則へ（Instance to rule）」の習得プロセスを図1に示し、(1) 〜 (6) にその流れをまとめました[4]。「Input → Intake → Interlanguage Development → Output へ」の流れにおいて、EFL 環境の日本の学習者でも、(1) 〜 (3) は可能であり、(4) 〜 (6) の可能性も期待されますが、インプットが十分に得にくい場合は、自然の学びだけに任せることは難しいと考えます。

(1) 音声形式と意味の繋がりがわかる（form-meaning connections）
(2) 慣れ親しむことで、模倣をしたり、ひとまとまりの表現を上手く借りたりする（FS-borrowing）
(3) プロトタイプ（I like X）のような表現を繰り返す（prototype）
(4) 言語パターンに気づき、インプットをカテゴリー化する（slot-filler category）、すなわち、丸ごと表現（token frequency）の使用から、その一部を入れ替えて（type frequency）発話するようになる[5]
(5) 構文のスキーマを形成する（schema formation）
(6) 自分が持つようになった言葉のルールを試して発話する（production）

---

[3]　Yamaoka (2006), 山岡 (2008)

[4]　Kashiwagi (2019)

[5]　Token frequency と type frequency については、章末の「補足説明」を参照ください。

```
┌─────────────────────────────────────────────────────────────────┐
│  INPUT →   INTAKE →   INTERLANGUAGE DEVELOPMENT → OUTPUT         │
│                                                                   │
│     FS-borrowing          Schema Formation          Production   │
│     Prototype          Slot-filter category                      │
│   Form meaning connections              Teaching grammar in chart│
│   FS-accumulation                                                 │
│  (e.g., structured input /storytelling with token and type/ dictogloss)│
│  EXEMPLAR BASED LEARNING ⇔ RULE-BASED LEARNING (DUAL MODE)       │
└─────────────────────────────────────────────────────────────────┘
```

図 1 「事例から規則へ」の概念モデル図[6]

　筆者は、EFL においては、生徒が蓄積してきた表現の文構造への気づきを引き出した段階で、教師が文構造について図式的、明示的に説明することが効果的であると考えています（例：本章 p. 184. 図 10）。本章では、この認知プロセスを「事例から規則へ（instance to rule）」と定義付けます。Instance とは事例のことであり、ひとまとまりのフレーズ（formulaic sequences: FS）を蓄積することが言語学習の基盤になるという考え方に基づいています。

　事例の蓄積が重要である理由は、FS を蓄積する際に、学習者は先行経験と新しく学んだ結果の繋がりを発見しながら、何度もこれを経験して、発話の規則を創っていくという主張に基づいています[7]。その事例の蓄積における認知プロセスで得られる知識を手続き的知識（procedural knowledge）とし、それは、どのように物事を成すかというプロセスで得られるもので、その総計が宣言的知識を操作するものであると言われています[8]。一方、宣言的知識（declarative knowledge）は、言語使用者が文の仕組みについて説明できる知識です。この二つの知識（前述の明示的

---

[6]　Kashiwagi (2019, p. 349)

[7]　Andersen（1993）

[8]　Skehan（1998）

知識と暗示的知識の対照とも一致しますが）は、互いに干渉し合うという議論もあれば、互いに独立で干渉し合わないという主張もあり、現在のところ意見が分かれています。

　文法指導においても、より明示性の高い指導法もあれば、暗示性の高い指導法もあります。また、明示的文法指導が効果的である文法項目と効果的でない文法項目があるという主張もあります。明示的文法指導は、学習者がすでに持っている「気づき」と「理解」を高める役割をすると提案されていますが、高校生や大人に比べて小中学生は、文法用語による説明よりも実際に使用する場面に即して、沢山練習していく方法が良いという提案もされています[9]。

　小中学生の文構造への気づきについて、筆者は、日本の公立小学校の3年生から6年生を対象に、事例の蓄積経験の多い学習者では模倣的発話がどのくらいあるのかについて観察を行いました。その結果、学習者は最初は単語のみの模倣でしたが、3語から5語と模倣できる文が長くなるにつれ、音声形式と意味のマッピングも上手くいき、初期の言語スロットを持ち始めることを確かめました。一方、事例の蓄積経験がまだ少ない学習者は、学年が上がっても模倣は単語のみであり、言語スロットを持つようになっていませんでした。

　小学生でも事例の蓄積と同時に、手続き的知識を得ており、文のパターン発見への気づきが高くなることが確かめられています[10]。この結果から、指導者は学習者の宣言的知識の育成だけでなく、手続き的知識を培う方法を考えるべきだと言えます。認知的な手続きを促進して、フォーカス・オン・フォームのような指導を用い、付随的に言葉のルールの仕組みに出会わせ、「教え込まない文法指導」として、1レッスンの中盤以降に、図式等を用いて文構造のルールを説明することが効果的

---

[9]　白畑 (2018)

[10]　Kashiwagi (2012)

だと思います[11]。

　図 2 にその概念プロセスを載せます。図 2 の中央に提示していますが、言語習得への認知プロセス（「大まかに聞く」「聞いてまねる」「まとまりフレーズ」「文の一部入れ替え」）には、ある程度の時間をかけて導きます[12]。学習者は、内容のある面白いものであれば、聞いて模倣し口にするうちにひとまとまりの表現に馴れていき、教師や友達とのやりとりで文の一部入れ替えをする経験をします。その際に、図 2 の左側のように、音声から音との綴りの関係を学んでいたり、右側のように慣れ親しんだフレーズの一部を写したり選んで書いたりする活動が、最適のタイミングでサポートされていたら、文構造（語順や、動詞とその前後の繋がり）に気づきやすくなります[13]。

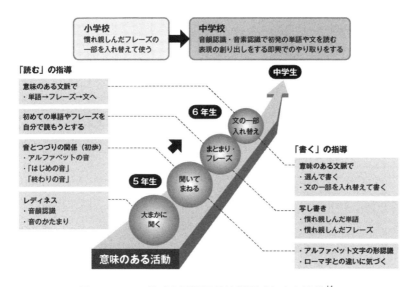

図 2　UBM に基づく言語習得基盤形成と小中連携[14]

---

[11]　フォーカス・オン・フォームについては、章末の「補足説明」を参照ください。

[12]　浦田・柏木・中田 (2016)

[13]　柏木 (2019)

[14]　柏木 (2019, p. 4)

中学校以降では、小学校でのアイテム学習で気づいてきた、なんとなくわかる学び（暗示的知識：implicit knowledge）を継続し、言語の規則が説明できるようになる学び（明示的知識 :explicit knowledge）を並行し、文法の誤りを自己修正できるよう導きたいものです。

● 内容の豊かさと文法を繋ぐ CLIL

　言語習得においては、学習者にとって本当に知りたい、面白い内容において、言語習得への認知プロセス（「大まかに聞く」「聞いてまねる」「まとまりフレーズ」「文の一部入れ替え」）は起こりやすいと考えられます。そこで、筆者は、UBM に基づく文構造への気づきを CLIL の指導と統合していく方法を提案します。

　英語を学び始めてそれほど長くない中学生も、「英語を使って何かを創造してみたい。自分の考えを英語で表現してみたい。」と思っているでしょう。決まりきったやり取りの練習や単語の暗記に終始せず、言葉を産出する学習に導くために、ここでは、UBM の視点を CLIL のアプローチに活用し、繰り返し使う「文構造」と生徒が「考える」という場面を重ねる取り組みを提案します。CLIL は、英語を母語としない学習者が、母語でないもう一つの言葉（ここでは英語とするが、他の外国語も対象）で教科内容等や、深い内容を題材にして学びます[15]。

　CLIL は、グローバル化する複雑な国際社会において、さまざまな言葉の話し手同士、協働して考えを伝え合い、地球に起こる諸問題を共に解決するコンピテンシーを培うための指導法であると言えます。複雑な情報に対応する力を育てる教育のアプローチです。これは、外国語としての英語に浸らせ、内容伝達を主眼とするイマージョン型の英語授業とは異なります。語彙や文法といった言語形式の学習を優先し、内容面の意識が低くなる伝統的な教授法とも異なります。CLIL で、内容と言語の両方を同じぐらい扱うことの意義について、人間の学びの本質は、既

---

[15]　Coyle, Hood, & Marsh (2010)

存知識、文脈、情報、情緒の『ネットワークの構築』から成り、内容が言葉の定着の留め具（hunger）となるからであるとされています[16]。CLILは、EFL の学習者の動機づけを高める方法として、また、英語で新しい知識を学び、問いについて考え、それに対する深い認知処理（高次の思考スキル）を育てる方法として 25 年以上のさまざまな実践研究を経て世界の多くの国で工夫されてきました。4 つの C（Content, Communication, Cognition, Community/Culture）と言われる要素を取り入れながら、英語の4技能をその場面で使っていきます。EFL の初心者の学習者も英語の意味がわかるよう、内容に興味を持たせる指導から始めます。言語面では、「構造化されたインプット」、「フォーカス・オン・フォームの指導」「ひとまとまりのフレーズの模倣と一部入れ替え」等の梯子掛けの言語活動は重要で、これは UBM の視点に一致します。図、絵、写真、映像などを使い、言語フレームやキーワードを提示する場合もあります。構文理解のため言語に関するサポートには複合的な方法を用います。言い換えれば、言語面の焦点が十分でなく内容のみを扱う指導は CLIL ではないとも言えるでしょう。

　本章での CLIL は、内容として、英米文学の真正性、作品のプロット、作者の視点を扱い、文脈の中で原因と結果を考えたり伝え合ったりすることを通して、言語と思考を重ねることができる「オーセンティシティ」を実現することに焦点を当てています[17]。

● 小・中学校英語教育における英米文学の活用

▌英米文学の真正性

　小学校では、ストーリーテリング、中学校では、英語授業にストーリーや文学を取り入れる良さは何でしょうか。英米文学と英語学習の関

---

[16]　池田・渡部・和泉 (2016)

[17]　柏木・伊藤 (2020)

連について、4つの類型が示されています（図3）[18]。図中の (1) ～ (4) の翻訳（筆者の解釈を添えたもの）は以下です。図の左側は「読み書き」を重視し、図の上側は、「言語学習」を重視しています。

(1) 読み書きの知識やスキルに重点をおくが、語彙や文法に意図的に焦点を当てない。
(2) 英文テキストを用いるのみで、英米文学の価値そのもの、文学の知識や読み書きスキルには焦点を当てない。
(3) 英米文学として扱い、言語に関する焦点は文学の効果のみとする。
(4) 文学中心でも語学中心でもなく、幅広く読むことに使う（多読）。

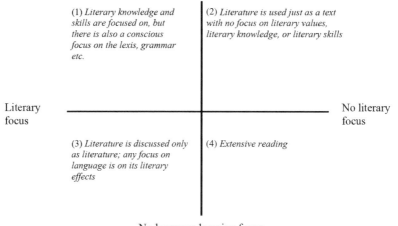

Language learning focus

(1) *Literary knowledge and skills are focused on, but there is also a conscious focus on the lexis, grammar etc.*

(2) *Literature is used just as a text with no focus on literary values, literary knowledge, or literary skills*

Literary focus ——————————————— No literary focus

(3) *Literature is discussed only as literature; any focus on language is on its literary effects*

(4) *Extensive reading*

No language learning focus

図3　文学と言語指導の交わり図[19]

上記の中では、英語の授業では、(3) 以外が扱われやすいと言えるでしょう。また、日本の英語教育では、(2) のみに終始しがちである授業

---

[18]　Paran (2008)

[19]　Paran (2008, p. 467)

は少なからず見られます。

　英米文学においては、実践的コミュニケーション能力として、「英語の音声や文字を使って現実の場面で、実際にコミュニケーションを図ることができる能力」の育成が可能であるとしています。それらは、「E-mailの書き方」「ホストファミリーとの対面」のように限られた実用的コミュニケーションとは異なります。コミュニケーション能力を育てるためには、学習のごく初期から authentic な（生の）言語使用の場面に馴れさせることが必要だと言われています[20]。機械的な英語の文型練習は、現実の言語使用（language use）とは言えませんが、文学の中での言語使用には、感情を重ね、意に得た言い回しを見つけることができるからです。

　そこで、筆者は、英米文学の授業に CLIL を取り入れる際は、前述の(1) や (3) に力点を置き、(4) の多読の機会を与えつつ、思考や創造を行う場面で語彙や文法にも注意を向ける指導を試みています。学習に英米文学を用いる際のポイントを、UBM と CLIL の観点から、以下にまとめます。

(1) 本物の言葉に触れる機会として、ストーリー・プロットや、作者のメッセージは下げずに、学習者の英語力に合った言葉に再話する（Retold）
(2) 良い文学から、文脈の中で生きた連語（チャンク）の語彙を学ぶ。それらを自分で見つけ、入れ替えて使ってみる足場かけの活動をする（scaffolding）。
(3) 良い文学には、ストーリー・プロットが含まれており、原因と結果を考える言語活動（genuine language activities）を展開する。

たとえば、英米文学を読んだ後に、3 択クイズや、True or False（○×クイズ）をする場合、本物の文学を用いると、生徒の思考においては深い

[20]　高橋 (2015)

認知処理が起こります。たとえば、下の例aとbでは何が異なるでしょうか。

例　a．London Eye is older than Big Ben.（○　×）
　　　ロンドンアイは、ビックベンより古い。
　　b．People in Liliput like Gulliver.（○　×）
　　　リリパット国の人々はガリバーのことが好きである。

aは、教科書で使われた一文で、bは、『ガリバー旅行記』の英語再話で問うことができる一文です。aは、本文を読めば、迷いなく答えられ、考える必要はありません。前後の文章をもう一度読む必要が無く、理由を考える必然性がありません。一方、bは、迷いが出て考える必要が出ます。友達と話し合い、理由を考えることができます。判断するために、文法を理解する必要も出ます。たとえば、リリパット国の一人は、漂流してきたガリバーの振舞いに不信感を募らせていたので、「One of ---s」という文法を理解する必要が出ます（例：People in Liliput said I was a good giant. They said I was going to help a little person. One of Liliputicians said I was going to help the enemy.）。生徒は、「もしかしたら、皆がガリバーのことが好きなわけではないのだ。」と気づきます。このような認知は、機械的な練習では活性化されにくいのです。

■ 英米文学で出会う「やりとり」

　英米文学のさまざまな本物の場面では、以下のような言葉のやりとりに触れることができます。

> 約束する　相槌をうつ　断られないように相手に頼む
> 相手に信用してもらうように説明する　嫌われてしまわないように断る
> 質問をして相手に近づく　気になっても聞き流す
> けんかせずに上手く逃げる　等

UBM の視点からは、ひとまとまりの表現について、意味と英語の
フォーム（形式）を結び、表現を蓄積することが、言語学習の基本とさ
れます。表現の蓄積が進むと、英語らしい文構造への気づきが高くな
り、音声や文字情報の中に含まれるパターン発見の力が増し、さらに文
法への繊細さも出やすいのです。このような言語習得への「手続き」が
おこるためには、自分の過去の経験と照らした文脈の新しい理解や、自
分と他者を結んで無意識に比べるというような、自分と人との関わりの
ある学習が大切です。文学を活用した授業では、同じパターンの文型に
繰り返し出会うにしても、時空を超えて同じパターンの文型に出合うこ
とで、自分の中にそれらが取り込まれやすいのです。

理論的背景のまとめ

- 事例からルールへ：豊かな文脈の中で繰り返し出会うひとまとまりの
  表現に含まれる文構造を発見させ、手続き的知識を得させる（UBM）。
- 明示的な文法説明：チャートを使って文法へのイメージを持たせる。
- 内容と言語を同じぐらい扱う：学習者が本当に知りたい、面白い内
  容において言語習得への認知プロセスは起こりやすい。複雑な認知
  処理（高次の思考スキル）を育てる（CLIL）。

II　実践の展開

● 英米文学を取り入れた英語指導

ここからは、英米文学を取り入れた英語指導の実際を提案していきま
す。これまでの理論的背景をふまえ、UBM を CLIL に統合して英米文
学を授業に取り入れる例を紹介していきます。主な言語活動を次のよう
に設定します。

（1）ペアやグループ活動で、使えるひとまとまりの表現に触れ本物
　　の言葉のやりとりに浸る
（2）複数の場面で、似ている文構造のパターンを見つける
（3）ストーリー・プロットの仕組みを掴み取る
（4）物語の原因と結果を考えて、グループで独自のクライマックス
　　を創造する

　題材は、中学校2年生の教科書における「イギリスの紹介」を扱い、そこから発展させ、イギリスの文学に触れます。生徒に馴れさせ、文構造に気づかせ、使わせる英語文法項目は、SVOC（例：People call it Big Ben.）で、汎用性の広い言語フレームだと言えます。ただし、授業の最初に文法の説明は行いません。多くの生徒は、まだ表現に慣れ親しんでいない段階で、先に文法説明を聞くと、難しく感じてしまい、また、意味と文法の両方に同時に注意を払うことは負荷が高いため、物語の内容に浸れなくなるのです。その結果、自ら文のパターンを発見する自律的な言語習得のための最適な機会を失わせてしまうのです。しかし、一方で、文構造への気づきがでてきたところで、明示的な文法説明をすることは大切です。

● 指導 Stage 1『ハリー・ポッターと賢者の石』
実践者（伊藤由紀子）[21] 対象者（中学校2年生）

　慣れ親しむ活動は、小学校でも中学校でも、実は大人の英語学習でも必要です。英語を学ぶために、多読をしたり、流行りの英語の歌を歌ったり、映画を見てセリフを真似てみる学習も「慣れ親しむ」の代表的な例です。

　また、最初に触れたいのは、世界に数千種類ある言語の中で、なぜ英

---

[21]　伊藤由紀子（2019）

語を教えるのか、英語学習のゴールはどこにあるのか、ということに触れさせることです。英語以外の外国語で書かれた絵本や文学にも目を向けてみることで、かえって英語が新鮮に映ります。以下に「慣れ親しむ」活動を紹介します。

■ ペアで翻訳活動『ハリーポッター』

英国の作家、J.K. ローリングの小説『ハリーポッターと賢者の石』[22]の一節を自分なりに翻訳する課題に取り組みます。ストーリーを知らない生徒もいるので、登場人物やあらすじ紹介をしてから始めます（背景スキーマの活性化）。ある場面の数行を、ペアで同時通訳のように、後述の日英の文を渡しておき、それを見ながら「英語⇔日本語」としてペアで一文ずつ練習します (p. 176)。次に、生徒に翻訳活動の時間を与えます。翻訳できない難しい文もあるので、英文と翻訳文を書いた文例をいつでも見て真似できるようにしておきます (FS-borrowing)。良い英文や翻訳に浸り、「借りて」親しむことが目的ですから、訳せたかどうかを試す学習ではありません。

このような方法とは逆に、長文を配って「さぁ、これを写して訳しなさい。」というと、生徒たちは、「わからない」「訳せない」と、たちまち英語嫌いになってしまいますが、「借りる」翻訳体験については「時間を忘れる程楽しかった。」「キャラクター紹介をふまえてセリフを工夫できた。」と楽しい感想がでます。英文学を一気に身近に感じていきます。

---

[22] ローリング, J. K. (著)・松岡佑子 (翻訳) (1999)

Harry Potter and the Philosopher's Stone

Hagrid yawned loudly, sat up and stretched. 'Best be off, Harry, lots to do today, gotta get up to London and buy all your stuff for school.'

Harry was turning over the wizard coins and looking at them.

He had just thought of something which made him feel as though the happy balloon inside him had got a puncture. 'Um – Hagrid?'   'Mm?' said Hagrid, who was pulling on his huge boots. 'I haven't got any money – and you heard Uncle Vernon last night – he won't pay for me to go and learn magic.' 'Don't worry about that,' said Hagrid, standing up and scratching his head.
'Do you think your parents didn't leave you anything?'   'But if their house was destroyed –'
'They didn't keep their gold in the house, boy! Now, first stop for us is Gringotts. Wizards' bank.

Have a sausage, they're not bad cold – and I wouldn't say no to a bit of your birthday cake, neither.'   'Wizards have banks?'

　ハグリッドは大声であくびをしながら起き上がると、もう一度伸びをした。「出かけようかハリー。」今日は忙しいぞ。ロンドンまで行って、おまえさんの入学用品をそろえんとな。」

　ハリーは、魔法使いのコインをいじりながら見つめていた。そしてその瞬間、あることに気が付き、幸福の風船が胸の中でパチンとはじけたような気持ちになった。「あのね、ハグリッド。」「ん？」とハグリッドはどでかいブーツをはきながら言った。「ぼくお金がないんだ。それに、昨日バーノンおじさんから聞いたでしょう。僕が魔法の勉強をしに行くのにはお金はださないって。」「そんなことは心配いらん。」とハグリッドは立ちあがり、頭をかきながら答えた。「父さんと母さんが、おまえに何も残していかなかったと思うのか？」「でも家は壊されて・・・。」

　「まさか家にお金なんぞ置いておくものか！まずはグリンゴッツへいくぞ。魔法使いの銀行だ。」「ソーセージをお食べ。冷めてもなかなかいける。それに、おまえさんのバースデーケーキを一口、なんてのも悪くないな。」「魔法使いの世界には銀行もあるの？」

『ハリーポッター賢者の石』の一場面（翻訳活動）

　面白い内容の英文を、自分なりに自由に翻訳していく活動と、教科書の和訳を書き写したり、暗記したりする活動は、次の点で異なります。英文学の翻訳活動のペア（AとB）では、Aが英語を物語のように読み、時にはセリフに感情を入れるような場面で、Bは瞬時にFMCsを活発に行い、ひとまとまりの表現の呼び起こしをします。ユーモラスにセリフを掛け合う場面では何度も口に出して練習したり、確かめたりするでしょう。UBMの視点からの指導の意図としては、「英文の質と量に触れる」「一流の作者が書いた、ひとまとまりの表現の蓄積」「表現の呼び

起こし」「音声と意味の結びつき」「協働学習」等があり、4技能統合の
学びになります。

● 指導 Stage 2 『ガリバー旅行記』

実践者（柏木賀津子）対象者（中学校2・3年生）
　グローバル社会に向けた英語力を培うには、説明を受けて規則を学ん
でから活用へという学習方法「規則から事例へ」(rule to instance) と、活
用し慣れ親しんでから規則へ「事例から規則へ」(instance to rule) という
自律的な学習方法の二元配置 (dual mode system) で学ぶことが、カギに
なります。豊かな内容を用いて、グループで学び合い、dual mode
system を深めます。

■ 音声形式と意味を繋ぐ (form-meaning connections：FMCs)

「世界の地図と物語マッチングゲーム」
　外国のストーリーの短いヒントを英語で聞かせます。日本の有名なス
トーリーのヒントも英語で聞かせます。登場人物、場所、話のセッティ
ングなどが使われていることを学びます。また有名なストーリーが、イ
ギリスやアメリカだけでなく、ドイツやデンマーク、韓国や台湾など世
界各地に起源していることを学びます。クイズでやり取りしながら、生
徒が挿絵を手掛かりに英語がどの程度聞けているか、FMCs の度合いを
掴みます。
「イギリスの文化・影絵クイズ」
　やり取りをしながら、イギリスへの旅や食べ物を紹介します（図5）。
（ティーチャー・トーク例）

I went to the U.K. last summer. I ate fish and chips for lunch. At night I
enjoyed the Shakespeare's Drama, too. I like stories written in English
very much. What's this? It looks like cake. *People call it a scone.* Have
you ever heard of it? It looks like cream beside this. *People call it clotted
cream.* It is made from milk. (*Italic* は新出文構造)

Fish and Chips   Meet Pie   Scone

図4　イギリスの導入で使用した写真（筆者撮影）

　パワーポイントを使って、イギリスにちなんだ影絵を見せて、ティーチャー・トークを聞かせます。最初は、「クマのプーさん」「シャーロックホームズ」「ピーターパン」「ピーターラビット」のような簡単な影絵、やがて、教科書本文に出てくる英文学等の登場人物等についての影絵で、スリーヒントクイズをします（図5）。

影絵と英語クイズカード

> It looks like a clock tower.
> *People call it Big Ben.*
> The name comes from its
> builder.

図5　パワーポイントの影絵とクイズ例

たとえば、影絵のヒントの目標表現は、"We call him *X*." 等で、これは英語では第 5 文型（SVOC）です。しかし、授業の最初に中学生に先に文法を説明するのではなく、オールイングリッシュでクイズを出していき、内容に引き込みながら繰り返しチャンク（ひとまとまりの表現）にたくさん触れさせます。しかし、影絵は次々異なるので、似ているチャンクでも生徒にとってはクイズ毎に意味が異なり、表現の一部が入れ替わっていきます。教師のインプットに耳を傾け、音声形式と意味を繋いでいきます（FMCs）。影絵クイズは、その日使用する教科書本文に出ている表現パターンを 90％網羅して作成しています（図 5）。

▌ 文章表現の入れ替え創作（Token から Type へ）

　次に生徒も物語や身近な話題を使って影絵クイズを作ります。イギリスの文化は生徒にとって身近とは言えません。そこで、担任の教師等を例にして、クラスでクイズを出し合います（図 6）。文法を教えこむ前にチャンクの一部を入れ替えて作ってみるのです。これは、「ひとまとまりの表現（token）の蓄積」から「表現の一部入れ替え（type）」と定義づけられる指導法で、音声から英語を学んだ小学生を中学校の英語へと結ぶ架け橋にもなります。小学校から英語を学んできた生徒は、この「入れ替え」は、文字が読める以前から音声ですでに何度も経験済なのです。蓄積が豊かになると、日常生活であまり英語に触れない日本の生徒であっても、文構造への繊細さが出てくるため、文のパターンへの気づきが高くなります。

He looks like a baseball player.
He looks like Yuji Oda.
People call him Yutaka sensei,
He is my homeroom teacher.

図 6　中学校生徒の創作例—SVOC のチャンク内の入れ替え

▎物語を聞かせる

　取り扱った教科書本文では、イギリス（The U.K.）の話題を扱っているため、それと関連させて、一冊の本『Gulliver's Travels』（Young Learners Classic Readers: Level 4、Seed Learning 社、2000 語程度）を取り上げます。教師は 2000 語程度の本をもとに、さらに生徒の英語理解レベルに合わせて再話を行いパワーポイントで聞かせていきます（図 7）。1 回目は、意味がわからない単語があってもあまり辞書を引かずに、推測しながら最後まで読み大まかに内容を掴みます。2 回目は、声に出して読み、意味を調べたい単語があれば調べます。CD 等の音源をつかって、パワーポイントのセリフ等を、声に出してリピートさせて文を味わいます。生徒は、仲間が声に出す文章を味わいながら、FMCs を確かなものにしていきます。

図 7　教師の再話パワーポイント（15 場面のうち一部）

▎英文学の真正性に誘う（Authentic Content）

　授業では、生徒の理解レベルに合わせた再話のパワーポイントを使いますが、ストーリーのプロットや、英文学ならではの諷刺性については、『Gulliver's Travels』（Jonathan Swift 作）の原作教材研究を行い、原作

の中にあるプロットを加えます。「言語は理解可能にシンプルにするが、内容や思考、本物の良さはシンプルにしない」という CLIL の基本をふまえます。思考レベルを下げてしまうと、中学生の知的好奇心を喚起することはできません。

■ ストーリー再構成のタスク

　4人程度のグループに、パワーポイントの挿絵と文章を、「カルタ風」にし、絵カードとセンテンスカードを渡します。4人は協力して、作品の順番を思い出し、挿絵と文章を並べ替えて再構成します。この時、生徒はもう一度音源を聞きたがったり、文を読み返したりしながら、最初の読みでは曖昧であった、ストーリーの因果関係を自ら見つけていきます。筆者は、小学校では絵と音声、中学校では、絵とセンテンスカードを用いてグループで行います。なお、これらの段階を経た先の実践として、ディクトグロス（文章復元法）[23] を使った活動があります。ディクトグロスとは、文脈のある文章を学習者はメモを取りながら聞き、その文章を学習者同士で協同的に復元した後、元の文章と比較しながら確認と修正を行う一連の活動のことです。文章を比較することによって、文脈の中で文法を含めた文構造へ意識を向けさせることができます。

　ストーリーの再構成ができたところで、物語にはさまざまなストーリー・プロットがあることを知らせ、学習者にプロットをラインで表してみるように伝えます（図8）。

図8　プロットを考える
（挿絵を並べる）

---

[23]　Wajnryb（1988）

図 9　ストーリー・プロット曲線の例

　4人で話し合い、どこでストーリーが盛り上がっていき、何をきっかけに展開するのか日本語で話し合います。ストーリー・プロットには、概ね以下の流れ「Setting（場面設定）–Problem（問題設定）–Rising Action（順にアクションが起こる）–Climax（クライマックス）–Falling Action（アクションが収束する）–Denouement（終局）」が含まれます（図9）。

　英文学の作者はさまざまな展開を、原因と結果、アクションの関連を繋いで創作しているのです。プロットに気づくことには、「文学の仕組みに出会う」楽しさがあります。この仕組みを知ると、「自分も英語で物語を書いてみたくなった。」という感想が出ます。教師がストーリー・プロット曲線を描くことで、生徒は作品の構造と因果関係を掴みます。たとえば、ガリバーは、リリパット国の王に鎖を外してもらう代わりにいくつかの約束をするのですが、そこは文学の命ともいえるプロットです。グループでガリバーがリリパットの国（小人の国）から隣の島へと去っていくクライマックス以後の展開について話し合う活動もできるでしょう。英文学における CLIL の応用では、思考する場面で母語も使います。生徒がクライマックス以後の展開を日本語で考えたら、教師はそのアイデアを取り上げて、一緒に一文を作って聞かせるとよいでしょう。

創作例：ガリバーは、リリパットの小さな動物たちをポケットに入れて持ち去りました（Gulliver put some little animals in his pocket and went back to his country.）。

創作例：リリパット国の王は、食べ物をガリバーに与える代りに 8 つ程度の約束をさせるのですが（例：You can walk on roads, but not corn field./ Carry the king's letter to other countries.）、「トウモロコシ畑を歩いてはいけない。」とか、「他の国々へ王の手紙を運びなさい。」など、王の意外な周到さと戦略に気づきます。この約束が原因となり、ガリバーは、後に他の国に王の手紙を届けることになるのです。8 つ程度の約束を他のアイデアに変更すると、終局も変わってきます。

　このように物語の原因と結果に気づかせることで、ストーリーの展開部分に大きく影響を及ぼすことを知り、ストーリーの面白さに引き込んでいくことができます。

■ 物語への質問づくり

　物語に対する英語の質問作りでは、（1）Fact Finding Questions: 事実を問う、（2）Inferential Questions：推測を問う、（3）Evaluative Questions: 考えを問う、を意識して作らせます[24]。教科書本文では、文脈の深さがない場合、Evaluative Questions の問いは作りにくいのですが、文学では自分の考えを述べる「質問」というものが、多く作れることに気づくでしょう。中学生は創造力に溢れています。英語授業の中で「問う」「創る」という機会を多く持っていきたいものです。

---

[24]　田中・紺渡・島田（2011）

■ 文構造の気づきを図に表す

　創作活動に浸る中で、この授業で頻繁に使用してきた目標文構造に触れます（ガリバーでは、"People called the island Blefuscu."）。中学生でも、すでに聞いたり使ったりしたことがある文構造には気づいていたり、文構造のスキーマ形成をしていたりする場合があります。すでに何度も使った文例を出しながら、「どのような文の仕組みになっているかな？」と問います。たとえば "I call him Pooh." では、「I call のあとの him と Pooh は同じことを言っている。」「最後の Pooh は、付け足しみたいだけど、無いと意味にならない。」などというコメントが得られますので、教師はパワーポイントの図などを使って、文法のイメージ化を図り、生徒の気づきに寄り添いながら説明します（図 10）。「やっぱり、思っていたとおりだった。」「こんな方法なら英語がわかりやすい」という感想が出ます。教師の指導のコツとしては、「このように、補語 C が目的語 O を説明する、つまり、O ＝ C（彼 him は Pooh と同じ）のような構文 SVOC は他にもたくさんありますね？」と聞きながら進めます。"I found the movie interesting." "I saw him break the branch." などです。次のような動詞は、動詞の原形をその後に置く：feel, have, hear, help, let, make, see, watch 等も、O と C の関係の「並置」[25] がイメージできると使いやすくなります。UBM の視点に拠る instance to rule によって得られた、感覚的な語順や文構造のイメージは、チャンクと共に想起でき、人にとって「最小の認知単位」で、即興のコミュニケーション場面で流暢性となって取り出されると言われます。豊かな内容について考え

図 10　文法イメージ図例

25　今井 (2010)

ながら文法も同時に学ぶ（思考×文構造）という指導は、ひと手間かかり
ますが、その後の文法の保持、アウトプットの量と質、発話時の語彙の複
雑さ（lexical complexity）の増加、教室での学習者間の理解差を縮め上に
押し上げることに繋がることがわかってきています[26]。そして、この学
び方は、私たち誰もが2歳の頃に経験した母語習得プロセスに似てい
る故に持続可能で、学習者の自律性を支える認知なのです。

まとめ

　日本での英米文学の英語授業への活用は、文学の真正性と、生徒の英
語理解語彙のギャップが困難でもあり、教科書から文学が減りつつあり
ます。しかしながら、中学校教員としても、小学校教員としても、物語
の良さを深く理解し読み聞かせたり、スキットを創作させたりする指導
は重要です。グローバル化する社会においては、「創造と語り体験を豊
かに持つ」次世代であってほしいと思います。

　本章では、「教え込まない文法指導」として UBM の視点に基づき、
instance to rule の指導を明らかにしました。主に、「ひとまとまりの表
現の呼び起こし」「音声と意味の結びつき」「文のパターンへの気づきを
促してから明示的文法説明をチャート等で」を取り入れました。そし
て、教師の知っておくべき知識として、「思考×文構造」に焦点を当て
て、UBM の視点に拠る言語習得プロセスと CLIL の統合例について解
説しました。これらの議論に基づき、英文学の活用において、文構造の
気づきを促す指導法について私案を述べさせていただきました。

---

[26]　Kashiwagi (2019)

▌補足説明 1

　構造化インプットとは、教師の英語の語りに生徒が引き込まれて耳を傾ける際に、生徒が上手く音声形式と意味を繋ごうとするようなインプットのことである。このインプットは、授業で扱う英語の意味や文脈に合った目標構文を含んでいることが必要である。生徒がインプットの意味をわかろうとして自分に表現を取り込もうとする際に、目標構文や、言語パターンに学習者が気づきやすくなる工夫が必要である。たとえば、繰り返しのある表現をわかりやすく使いながら、言語パターンの一部を文脈の中で入れ替えて聞かせる工夫や、生徒の背景知識を活性化し、意味理解のための絵や写真を使う等の工夫等もその一つである。

▌補足説明 2

　トークン頻度は、特定のアイテムに学習者が触れる頻度のことであり、学習者はまず、特定のフレーズ、語つながりの断片の使用からはじめる。自律的な学習の基盤になる。

▌補足説明 3

　タイプ頻度は、同じ言語スロット（フレーズ）内で、異なる語が入れ替わるインプットに触れる頻度のことである。トークン頻度の経験に続く、タイプ頻度の経験により、学習者は文のパターンに気づきやすくなり、帰納法を用いて文構造を理解しようとする。タイプ頻度は構文の産出を決定づける。

▌補足説明 4

　フォーカス・オン・フォームは、構造化されたインプットや、インプットの強化、意味への交渉、修正のフィードバック、お話再生タスクなどさまざまな方法で、学習者の注意を言語的特徴に向けさせ気づきを促す指導法である。一方、フォーカス・オン・ミーニングは、コミュニカティブで意味に焦点をあてた指導法として良さがあるが、学習者は意味そのものに注意を向けてしまうため、その際に言語的特徴を上手く学んでいるとは言えないとされる。

● 参照文献

Anderson, J. R.（1993）. *Rules of the mind*. Hillsdale, NJ: Lawrence Erlbaum

Associates.

Coyle, D., Hood, P., & Marsh, D.（2010）. *CLIL content and language integrated learning*. Cambridge, UK: Cambridge University Press.

Ellis, N. C. & Larsen-Freeman, D.（2009）. Constructing a second language: Analyses and computational simulations of the emergence of linguistic constructions from usage. *Language Learning, 59*（Suppl.1）, 90–125.

池田真・渡部良典・和泉真一（2016）.『CLIL（内容言語統合型学習）：上智大学外国語教育の新たなる挑戦 第3巻 授業と教材』東京：ぎょうせい.

伊藤由紀子（2019）.「グローバル化と英語教育（特集） 英語学習のゴール：中学校英語で英米文学を取り入れる講習から No.1」『教育プロ』32.

今井隆夫（2010）.『イメージで捉える感覚英文法』東京：開拓社.

J. K. ローリング（著）・松岡佑子（翻訳）（1999）.『ハリーポッターと賢者の石』東京：静山社.

Kashiwagi, K.（2012）. Children's form-meaning connections to verb phrases and exemplar-based learning in Japanese elementary school. *ALELE, 23,* 13–24.

Kashiwagi, K.（2019）. *Early adolescent learners' noticing of language structures through the accumulation of formulaic sequences: Focusing on increasing the procedural knowledge of verb phrases* [doctoral dissertation, Kyoto University]. doi.org/10.14989/doctor.k21866

柏木賀津子（2019）.「小学校教育のよさを活かす「読み」「書き」の指導：逆向き設計で伸ばす、高学年児童への文字指導アクティビティ」『Junior Sunshine 内容解説資料別冊①』（pp. 1–8.）東京：開隆堂.

柏木賀津子・伊藤由紀子（2020）.『小・中学校で取り組むはじめての CLIL 授業づくり』東京：大修館書店.

Paran, A.（2008）. The role of literature in instructional foreign language learning and teaching: An effective-based survey. *Language Teaching, 41*（49）, 465–496.

白畑知彦（2018）.「誌上 KELES セミナー：英語の文法指導、語彙指導を考える」*KELES Journal, 3,* 54–63.

Skehan, P.（1998）. *A cognitive approach to language learning.* Oxford, UK: Oxford University Press.

髙橋和子（2015）.『日本の英語教育における文学教材の可能性』東京：ひつじ書房.

田中武夫・紺渡弘幸・島田勝正（2011）.『推論発問を取り入れた英語リーディング指導──深い読みを促す英語授業』東京：三省堂.

Tomasello, M.（2003）. *Constructing a language: A usage-based theory of language acquisition.* Cambridge, MA: Harvard University Press.

浦田貴子・柏木賀津子・中田葉月（2014）.「コミュニケーション能力の素地から基礎へと学ぶ小中連携リンクユニットの創造：事例学習と規則学習のつながりを通して」*JES Journal, 14,* 244–259.

Wajnryb, R.（1988）. The dictogloss method of language teaching: A text-based, communicative approach to grammar. *English Teaching Forum, 26* (3), 35–38.

Yamaoka, T.（2006）. On the importance of imitation and repetition in foreign language learning. *Annual Review of English Language Education in Japan, 17*, 1–10.

山岡俊比古（2008）.「小学校英語学習における認知的側面：認知的発達段階に即した学習とその促進」『教育実践学論集』9, 75–86.

CHAPTER 9

第二言語の発達における行為の役割と学習環境としての「課題」

松村昌紀

＼ 困っているのは、こんなこと ／

生徒や学生たちが覚えた文法の知識を活用することができず、英語を使いこなせないことがあるかもしれません。そうした指導と学習のプロセスに足りないものは何なのでしょうか。この章では教室で用いられる課題を学習者にとっての環境の一部と位置づけ、「探索」と「行為」をキーワードにしてそのような状況を乗り越えるための方法を考えていきます。

はじめに

　言うまでもなく、言語は私たちが生きている環境の中で、日々の経験を通して学ばれていくものです。その発達を促す環境の条件がどのようなものか（そしてどのような環境がそれを阻害するのか）ということは、母語と第二言語のそれぞれについて心理、言語、社会的な観点から考えられてきました。母語の習得に関しては、養育者から乳幼児への語りかけ（child-directed speech）に見られる音声的・構造的特徴、効果的に発話を促す支援的な働きかけのあり方、さらに子どもと養育者の社会的相互作用における愛着関係の役割などに関する研究があります。特に発達を促進するための支援の方法は第二言語習得の文脈でも関心を持たれ、相互理解に何らかの困難が生じたときにそれを乗り越えるために行われるやり取りの重要性や、言語形式上の誤りに学習者の注意を向けていくこと

の必要性などが議論されてきました。

　この章ではまず、現実の世界に存在する種々のシステムの中で「複雑な系」（complex system）と見なされるものの特質を述べていきます。システムとは、大雑把に言えば複数の構成要素からなる1つのまとまりのことです。それらのうち特に複雑であるとされるシステムにどのような特性が認められるか、その発達の条件とは何なのか、これから見ていきましょう。もちろん念頭にあるのは言語および学習者の言語知識がそうしたシステムの1つであるということです。章の後半では、そうした考察が英語を含む第二言語の指導と学習に関わる問題に関して何を教えてくれるのかを、近年の言語教育で「タスク」と呼ばれている課題の用い方に関連づけて検討します。

I　理論的背景

● 複雑で適応的なシステム

　20世紀中盤から、自然界や社会に存在するさまざまなシステムの中に多くの要素によって構成され、発生と発達のメカニズムに共通の興味深い特徴を持つものが存在することが明らかにされてきました。それらのシステムの範囲は自然現象から生命体、社会、そしてロボットなどの人造物にまで及びます。具体的には、気象、生物の免疫システム、全体としての鳥や魚類の群れ、群棲する蟻の集団、新しい道路の開通が（その目論見とは裏腹に）引き起こす渋滞、そして私たちの直接の関心事である人間の認知能力、その一部としての母語や第二言語の知識もすべてそうしたシステムの例です。

　複雑なシステムの発生と発達はそれを取り巻く環境の影響を受け、その全体は環境への適応を目指して常に揺れ動いています。そこに緩やかに編成された安定状態が生まれることはありますが、それらも絶対的な最終状態というわけではありません。多くの構成要素が相互に影響を与え合う結果、些細で単純なきっかけから複雑な——あるいは複雑に見え

る——パターンが生み出されることもしばしばで、結果としてシステム
の変化は直線的というより非線形的（nonlinear）で予測の難しいものに
なります。全体の特性が構成要素の特徴を単純に足し合わせたものとし
て説明できないことは、しばしば「創発的」（emergent）という言葉で表
現されます。構成要素どうしの相互作用では、時間の経過、発達の進行
に伴ってその相互作用のあり方そのものが変化していくこともめずらし
くありません[1]。

　読者が学校の先生なら、子どもたちや生徒たちの学習と発達、そして
学級や部活動などの場はここで述べた複雑なシステムそのものだと思わ
れるのではないでしょうか。そうであれば、そうした特徴を持つものと
して学習者の存在やその学習過程を考え直してみることには重要な意味
があり、それを前提にした指導には、そうでない場合より大きな効果を
期待できるでしょう。

● 行為を通した認知

　前節では複雑とされるシステムの一般的な特徴を見ました。次に考え
たいのは、私たちの認知能力やその一部としての言語の知識もまたそう
したシステムなのだとすると、それらはどのように創発し、形成される
のかということです。このことを理解するための１つの鍵となるのが、
1990年代に広まった「身体性認知」（embodied cognition）という概念で
す[2]。関連する議論は今日ではより包括的なものになり、同時に認知が状
況に埋め込まれたもので（embedded）、行為を通して起動され（enactive）、
環境との相互作用によって拡張される（extended）ものであることが指摘

---

[1]　第二言語習得研究を牽引してきた研究者の１人である Diane Larsen-Freeman は早
くから複雑系の理論が第二言語の発達に対して持つ意味と重要性に目を向け、探究し
てきた研究者です。その著作のいくつか（Larsen-Freeman, 2018; Larsen-Freeman &
Cameron, 2008 など）には、複雑なシステムが持つさまざまな特徴がさらに詳しく述べ
られています。

[2]　Varela, Thompson, and Rosch (2016)

されています[3]。人間を含む動物にとって、「世界」はそれぞれが必要としている資源——生態心理学で言われる「アフォーダンス」(affordance)[4]——を手に入れるために周囲を探索し、環境に働きかけることで初めて「起動」(enact) され、立ち現れるものだというのが、それらに共通する考え方です。そうして手に入れられたアフォーダンスはその個体にとって、いわば発達のための「材料」です。私たちの精神や認知・知識が経験的な基盤なしに形作られることはありません。この意味で、経験、身体、そして知識を生み出す心は切り離すことのできない、連続したものだと言えます[5]。重要なことは、認知や知識というのが環境に適応し、その中で機能することを目指した行為主体の探索的な行為によって生み出されるものであり、決してその逆ではないということです。このことは以下の 196〜198 ページで、「表象」に関する問題として改めて取り上げます。

● 言語知識の身体的基盤

認知言語学 (cognitive linguistics) と呼ばれる言語研究の体系において、言語能力は状況的な文脈と社会的相互作用の中で、それらのありようを反映しながら形成されていくと考えられてきました。この分野の代表的な研究者の 1 人である山梨正明はこのことを端的に次のように表現しています。

　　言葉には、環境に働きかけ、環境と共振しながら世界を解釈していく主体の感性的な要因や身体性にかかわる要因（五感、運動感覚、

---

[3]　このような認知の特徴は、しばしばそれぞれの英単語の頭文字によって「認知の 4 つの E」(4E cognition) と表現されます。

[4]　Gibson (1979)、佐々木 (2015) などを参照。

[5]　Dewey (1925) はこのことを、一体的なものとしての "body-mind" という用語によって表現しています。

視点の投影、イメージ形成等）がさまざまな形で反映されている[6]。

　この節では、言語能力の成り立ちに関して認知言語学の3つの基本的な考え方を説明していきます。1つ目は言語的な概念にも知覚的・イメージ的な基盤が存在するということです。基本的な文法カテゴリー（名詞、動詞、形容詞などの品詞）に関して言えば、対象の「もの」(thing) としての性質に注意の焦点が向けられたとき──認知言語学の用語では、ものが「プロファイル」(profile) されたとき──その対象は名詞としての性格を帯びることになります。同様に、時間軸に沿ったプロセスがプロファイルされたものが動詞、時系的な変化を伴わない物事や概念どうしの関係がプロファイルされたものが形容詞です。主語や目的語といった文要素の文法的な働き（文法機能）もまた事態の知覚を基礎として成立しています。出来事の構成要素（参与者）のうち最も際立っているものと2番目に際立つものはそれぞれトラジェクター(trajector)、ランドマーク(landmark) と呼ばれ、主語は表現されるべき意味関係におけるトラジェクター、目的語はランドマークを示すことになります。どの参与者を主語とし、何を目的語としてどのような構造の文を構築するかということは、言語使用者の事態の捉え方によって決定されるのです。

　第二に、私たちは視覚、空間、動き、物理的な力の作用などに関連した日常の規則的、反復的な身体経験の中から、現実の世界においてあり得る物事、起こり得る出来事のパターンを抽出しています。それらは「イメージ・スキーマ」(image schemas) と呼ばれ、現在までに起点・経路・着点、容器と包含関係、前後、上下、反復、バランス、単体と連続体、力とその相互関係、中心と周辺、全体と部分、遠近、直線性、連結、経路などに関するスキーマが研究されてきました。それらのイメージを記号的に表現したのが語やフレーズで、複数のイメージ・スキーマの共通部分が重なり合いながら結びつくことで、それらはさらに大きな

---

[6]　山梨 (2000, p. 4)

言語的単位になっていきます。このことのわかりやすい例として図1
を見てください。最下段左側の BE の図はトラジェクターとランドマー
クの関係が時間軸上で持続することを示しており、それが ABOVE-
TABLE のイメージと結びつくことで中段右の BE-ABOVE-TABLE と
いうまとまりが形成されます。さらにそれが LAMP という「もの」と
合成されて、最上段の LAMP-BE-ABOVE-TABLE という連鎖ができあ
がっています。

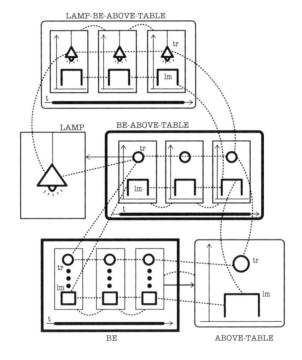

図1　LAMP-BE-ABOVE-TABLE のイメージ・スキーマ構成
（Langacker, 1991, p. 31, Figure 14 を転載）

（注）tr = trajector,　lm = landmark,　t = time

第三に重要なことは、言語によって表現される抽象的な概念にも、現実的な身体経験と結びついたイメージ的な基盤が備わっているということです。このことは比喩の一種として私たちが日常的に用いている「概念メタファー」(conceptual metaphor) の存在によってよく理解されます。日本語の例を挙げれば、「新境地を開く」、「要求を飲む」、「不安を抱える」、「縁を切る」といった表現では、それぞれ「開く」、「飲む」、「抱える」、「切る」という物理的な世界における身体的行為のイメージが概念領域へと投影されることで、それぞれに固有の意味が作り出されています。そこに経験的な基盤が存在するからこそ、私たちはこれらの抽象的な概念を理解することができるのです[7]。

● 第二言語習得における行為と適応

　この章ではここまで、複雑な系における要素の複雑な相互作用、その環境との関わり、認知発達にとっての行為の役割、そして言語能力の身体的な基盤について述べてきました。複雑なシステムにおける構成要素の相互作用、および認知や知識の行為的な基盤を理解することで、私たちは英語を含む第二言語の発達と指導・学習を考え直すための新しい視点を持つことができます。導かれる示唆の1つは、経験に基づいて形作られ、維持されている言語知識のありように母語と第二言語の間で本質的な違いはないということです[8]。全般的な達成レベルや動機の関与など、両者の間にさまざまな違いはありますが、それらが本質的なプロセスの違いを指し示しているわけではありません。したがって第二言語の学習でも、母語の獲得と同様に経験的な基盤が重視され、そのプロセスが行為を伴ったものであるとき、システムの立ち上げと形成はスムーズで自然なものになると考えられます。

---

[7]　認知言語学のうち、文の成り立ちや構造に関する理論的フレームワークを理解するためには Langacker (2008) などを、日常言語の中に潜む比喩についての考察はその後の活発な議論の端緒を開いた Lakoff and Johnson (1980) などを参照してください。

[8]　これは一般的に言語習得の「連続性」(continuity) の問題とされることです (Tyler & Ortega, 2018 などを参照)。

図2　表象主義的な認知モデル

　さらに、私たちはここで言語教育における表象主義（representaionalism）を再考してみなければなりません。「表象」とは、わかりやすく言えば私たちの持つ知識の内容（コンテンツ）とその保持形態（フォーマット）のことです。表象主義的な考え方では、私たちの認知メカニズムは環境から得た「データ」を所定の計算手順（アルゴリズム）にしたがって処理するコンピュータに例えられます。その出力こそが表象としての認知能力です。私たちが適切に行為できるのは、表象が司令塔あるいは統制機構として働いているからです。図2に示したように、ここでの環境とは入力の供給源であるとともにシステムによる計算結果が排出される外的世界として位置付けられます。

　工学的な分野では、表象主義にしたがって完全なアルゴリズムを構築することで行為を制御しようとする企てには限界があることが知られています。最大の問題は、そのような方法ではシステムの適応的で柔軟な振る舞いを保証できないということです。多様な環境の中のあらゆる要素や条件をシステム（ここでの議論の文脈においては言語学習者）に組み込むことは事実上不可能であり、人工知能の設計ではそのことが「フレー

ム問題」[9] として知られてきました。必要な表象の「部品」を1つひとつ組み込み、積み上げていけば全体の完成に至るというシステム構築の発想はまた、要素の相互作用や発達の非線形性という複雑なシステムの特性とも相容れないものです。

　ここでの議論を辿りながら、言語指導の1つのスタイルを思い浮かべた読者もいるかもしれません。それは学習の単位ごとにその冒頭で目標言語の規則を提示し、学習者の中にその表象（簡単に言えば「知識」）を形成、定着させたうえで、それを用いて可能な活動を展開しようとするアプローチです。PPP（Presentation-Practice-Production）と呼ばれ、日本の学校英語教育で広く採用されているこの種の指導で最初に学習者に与えられる規則は多くの場合、母語話者の言語知識を分析し整理した結果としての「文法」であり、それ自体が表象と呼べるものです。そこでは学習者が生の言語サンプルを処理する手間は省かれ、表象をそのまま学習者の中に「注入」することが指導の眼目となっているのですが、いずれにしてもこの指導スタイルを支えているのは紛れもなく「表象が行為を可能にする」とする表象主義です。その影は学校英語教育で掲げられる二項対立的なスローガン、たとえば「習得と活用」、「基礎・基本の定着とその応用・発展」、さらには「言語材料と言語活動」といった言葉の対にも認めることができます。

　私たちは第二言語の習得を考えるにあたって、ここで根本的な認識の転換を迫られることになります。すなわち、作られた表象の適用によって行為が可能になると考えるのではなく、そもそも新しい認知や知識を生み出すために行為が必要であるとの前提に立つことを、私たちは促されています。言語習得とは本質的に周囲の言語環境に対する適応であり、そのためには必要なアフォーダンスを獲得するための学習者の環境への働きかけが大きな役割を果たします。言語学習者は図2に示されていたように受け取った入力情報を処理し続ける演算機械として環境か

---

[9]　McCarthy and Hayes（1969）

ら切り離された「孤独な」存在ではありません。私たちは環境を探索する「動くもの」としての動物であり、入力が与えられるのをただじっと待っているコンピュータではないのです[10]。こうした認識に基づいてデザインされることで、第二言語の指導は本当の意味で「生産的な」ものになることが期待されます。

● 第二言語教育の転換

　ここまでの議論をふまえ、さらに具体的に、今後の第二言語教育がどのような原則のもとに設計されるべきなのかを考えてみましょう。私たちがまず視野に入れなければならないのは、言語の発達過程でさまざま要因が相互に影響を与え合い、新しい知識が創発的に生まれてくる可能性です。このことは指導された内容と学ばれることの間に一対一の対応を想定できないことを意味します。教えられてもその時点ではシステム中にうまく位置づけられず、習得されない内容もあれば、教えられたわけでもない知識がいつの間にかそこに存在することもあり得ます。すると、少なくとも忠実・厳格に階段を一段ずつ登っていくようなイメージで学習者の言語発達を思い描くことはできないことになります。指導者が思い描いたとおりに学習が進まないことや、突然学習者に変化の時が訪れることなどは、不思議なことでも驚くべきことでもなく、むしろ自然なことなのです。

　第二に、完成された認知が行為を可能にするというより、行為こそが認知を作り出し、変容させていくのだという認識を持つことで、これまでの言語指導で当然視されてきた「インプットからアウトプットへ」という指導原則の妥当性が問い直されることになります。なぜなら、そうした考え方の背後にあるのは「十分な入力によって適正な表象（確かな知識）を形成し、その出力としての正確な発話を導く」という、前節で

---

[10]　Thelen and Smith (1994)

その問題点を指摘した表象主義そのものだからです[11]。それをふまえて私たちは「学習場面で学習者が口を開くときには誤りのない発話をできなければならない」と考えがちであることを反省しなければなりません。行為を通して認知の形成と拡張を促そうと考えるなら、学習者の言語使用は必然的に試行錯誤的で発見的なものになります。探索的な言語使用をひとまず許容したうえでその改善のための適切な支援の方法を考えるという指導のあり方は、言語指導者にとっての新しい課題になるでしょう。

　最後に、192 〜 195 ページで見たように私たちの言語能力が身体的、イメージ的な基盤を持つのであれば、その学習において物理的な世界における位置、力の作用、経路などに関わるさまざまな関係性を言語によってシンボル化していくボトムアップ的な言語使用経験を十分に積むことが、発達上重要な意味を持つことになります。そのような経験によって言語記号ははじめて現実世界に「接地」（ground）されるのです。これまでの第二言語教育、特に日本の学校における英語指導では、その教養的・教育的価値を重視して抽象的な内容を扱うことや、学習者に分析的な思考を要求することが少なくありませんでした。その根拠とされたのは学習者がすでに成熟した認知能力を持っていることでしたが、そのような方法で学んだ言語が本当の意味の言葉として身についていくかといえば、それは保証のかぎりではありません。第二言語の習得とは学習者が所有する抽象的な概念や表象を呼び出し、それらに新しい訳語のラベルを貼りつければ終わるものではありません。第二言語の記号やその連鎖がどのような事態をどのように切り取り、表現するのかを経験に即し、イメージ・スキーマに関連づけることを通じて経験していくプロセスが、「健全な」第二言語能力の発達のためには不可欠です。言語の能力はそれが形成された「歴史」とともにあり、それがどのような状況

---

[11]　学習者に第二言語の用例を豊富に示し、そこから表象を導いていこうとする、いわゆる「用法基盤型の (usage-based) アプローチ」であっても、それが学習者の直接的な経験基盤を欠いたものであれば、このことが同じように当てはまります。

で学ばれたかを映し出します。経験的な基盤を軽視し、抽象的な空間の中で言語の学習を成立させようとしたとき学習者の内に築かれるのは、本来の言語能力とは異なる、その歪められた代用物になってしまうでしょう（松村, 2012、第2章の議論を参照）。

● 言語学習環境としての学習課題──二重の媒介

　以上の議論をふまえると、今後の第二言語教育では学習者が注意や認識のあり方を更新し、第二言語を媒介として新しい世界を築いていけるような環境をどのようにして提供できるかということが考えられなければなりません。教室で第二言語を学ぶ際、学習者にとっての環境となるのは教室という物理的空間やそこに存在する事物とそれらの配置だけではありません。学習者にその言語を用いた意味処理や相互のやり取りを促すために用意される学習課題もまた、学習者を取り巻く重要な環境だと言えます[12]。課題をそれに取り組む学習者に対して必要な経験を提供するための「装置」であると考えたうえで、適切な課題によってそれらの経験を方向づけ、支援していくことが指導者の役割になります。そのような課題のあり方を図3に示しました。課題は学習者と経験の間を媒介し、その経験が今度は学習者と将来の第二言語使用者として生きる新しい世界の間を媒介することになります。そのようないわば「二重の媒介」を通してはじめて学習者は第二言語の能力、およびそれによって「できること」（Can Do）の拡張へと導かれていくのです。

---

[12] 「環境としての課題」と言うとき、そこには学習者に渡されるマテリアルやワークシート、課題の要請によって組織されたペアやグループ、そしてそれらの構成員までのすべてが含まれます。課題によって組織されていない段階での教室は環境というより物理的な「場」でしかありません。

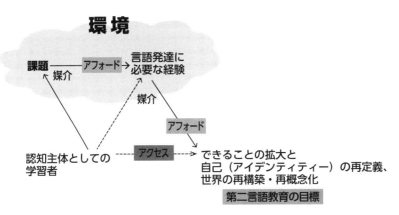

図3　言語学習環境としての課題

理論的背景のまとめ

- 複雑な系をなすシステムの主な特徴は、その内外のさまざまな要素が相互に影響を及ぼし合っていること、適応的に絶えず変動を続けていること、その発生と発達が創発的で非線形的なものであることである。
- 複雑な系としての人間の認知能力は、必要とされているアフォーダンスの獲得を目指した行為を通じて形成され、発達していく。
- 私たちの言語知識には身体的、行為的な基盤が存在する。
- 表象の形成が行為の先行条件であるとする表象主義を前提にした第二言語指導には再検討の余地がある。
- 第二言語の指導で用いられる課題は学習者にとっての環境の一部であり、それらへの取り組みが学習者の変容を促し、新しい世界を「起動」する。

II　実践の展開

● **課題の選択**

　本章前半の「理論的背景」で第二言語指導における課題の役割を指摘しました。そもそも課題とはそれが何であれ学習者が「行うべきこと」であり、第二言語学習の文脈では教科書の音読、練習問題への解答、英文テクストの書き写しなどのすべてを含む言葉です。しかしここでは特に学習者どうし、または先生と学習者の間で情報のやり取りをして、設定されているゴールの達成を目指すタイプの課題に焦点を当てます。それらは正確には「参照的コミュニケーション・タスク」(referential communication tasks) と呼ぶべきものですが[13]、現在の言語教育分野では単に「タスク」(tasks) という言葉でこの種の課題を指すことが一般的なので、以下でもそのようにします。そのようなタスクに共通の特徴として、明確なゴールが存在し、参加者の間で情報のやり取りをすることで初めてそれが達成されるようにデザインされていること、そして学習者たちがやり取りで用いる言語形式（文構造や語彙など）を指定されないことが挙げられます[14]。

　以下では、特に日本の学校教育における英語の指導と学習に対象を絞り、これまでの議論をふまえて、学習者の習熟段階ごとにどのようなタスクを用いることに意味を見い出せるのかを、利用における注意点やタスクの具体例とともに示していきます。ただしそれらはあくまで緩やかなガイドラインで、段階ごとにそこで言及されているタイプのタスクしか使ってはいけないということでは決してありません[15]。同一のタスク

---

[13]　Yule (1997) ──「参照的」という言葉は情報にアクセスし、参照しながらその授受をすることを意味して用いられています。

[14]　タスクとそれを用いた英語指導について日本語で書かれた平易な解説が必要であれば、松村 (2012) などを参照してください。

[15]　厳格に段階を踏んだ指導や学習は、本章で議論してきた複雑系や創発の概念とも整合しません。

を学習者の習熟度や活動目的に即してアレンジすることは可能であり、そうした柔軟性こそがタスクの1つの特徴だと言えます。たとえば、いくつかの相違のある2枚の絵の一方をペアになった学習者それぞれが持ち、互いに絵を見せ合うことなく英語でやり取りしてそれらの相違点を特定するというタスクは「相違特定」と呼ばれ、一般的には初級レベルの学習者に適したものですが、マテリアルとして用いる絵の内容次第で、より上級の段階で用いることも可能です。実際に活動してみるとわかることですが、絵の中の何らかの要素の「有無」よりも形や模様などの「差異」のほうが、さらにそれよりもサイズや距離の長短といった「程度の違い」のほうが、発見は難しくなります。主部と述部の構成を持った発話や関係詞の使用を促すために、多くの人物がそれぞれ別の動作をしている場面の絵を用いることなどもできるでしょう。活動人数や形態を変えることでタスクの難しさを変化させることも可能です。以下の説明では、そうしたタスクの難易度の調節についても適宜述べていきます。

● 導入段階

　英語学習の最初期には、その段階の学習者にもなじみのある英語の語やフレーズをもとにした活動を行い、それをさらに新しい語を学ぶための足がかりとしましょう。英語授業の第一日目にも可能な活動として、タスクを軸とした授業構成の提案で知られるジェイン・ウィリスは次のような活動を紹介しています（Willis, 1996）。まず、教室の学習者たちに知っている外来語を自由に挙げさせ、先生はそれらの英語の発音を聞かせながらすべてを黒板に書いていきます。ローマ字の学習を通してアルファベットを知っている学習者であれば、英語で書いてそれぞれのスペリングを示すこともできます。そして一定数の語が挙がった段階で、学習者にはそれらを Sports、Food、Transport、Tools などのカテゴリーに分類させるのです。ウィリスは述べていませんが、その後、挙げられた語の中で意味的に「相性のいい」ものを指摘するように求めてもいいでしょう（banana と yellow、car と speed などが提案されるかもしれません）。

先生は出されたアイデアをもとに、意味のあるさまざまな文を作って学習者をそれらにふれさせるとともに、学習者たちがさらに新しい語（banana 以外の果物やそれらの色、形、自動車以外の交通手段、slow、fast、faster といった形容詞やその変化形など）やそれらの組み合わせ方を学んでいけるようにもできるでしょう。そのような活動を通じて学習者は英語における語のネットワークを、イメージの連鎖・合成を経験しながら築いていきます。

　入門期の学習者向けのタスクには、ほかにも色や数字を用いたパズルや、「仲間外れを探そう」（Odd One Out）[16] などがあります[17]。どのような活動においても大切なことは、先生が学習者の語単位の発話を積極的に拡張し、「足場を組み」（scaffold）ながら続く発話を促していくことであり、新たな語彙や表現もそうする中で築いていくことができるでしょう。自然な言語習得で文法が発達するのは、豊かな語彙が形成された後のことです[18]。したがって導入段階では何より学習者が多くの語に、それらのイメージ的な基盤を意識しながら親しみ、語の間のリンクを築いていけるようにすることが大切になります。

　「英語を学びはじめたばかりの学習者は基本的な語彙や文法を知らないからタスクを用いた活動はできない」と考えるのは間違いです。母語（英語）を獲得中の子どもは 50 語を知った時点でそれらを組み合わせ、一定の意味を表現しはじめると言われています[19]。日本人の子どもたちは小学校入学時点で英語由来のものを中心にすでに 100 程度の外来語、さらにいくつかの定型的フレーズを知っていると考えられます[20]。上で

---

[16]　4 つから 5 つ程度の語や絵を見て、それらのうちほかと共通項を持たないものを指摘する課題。

[17]　Willis (1996) の第 8 章や Slattery and Willis (2002) には、ほかにも入門期の学習者に適したタスクが数多く掲載されています。

[18]　たとえば Verspoor, Schmid, and Xu (2012)

[19]　O'Grady (2005)

[20]　松村 (2009, p. 71 注 16)

紹介した2つの活動もそれを前提にしたものです。英語を母語として獲得する場合と日本で外来語としての英単語にふれるときでは、最初に学ばれる語が必ずしも一致しているとはかぎりません。たとえば、動詞や動作に関わる表現は前者に多く、後者にはほとんど含まれていないかもしれません。しかしそうした偏りも、上で述べたように先生が学習者の発話を拡張する中で動詞や指示的な表現を積極的に用いるなどしながら埋めていくことが可能でしょう。学習者がすでに知っている英単語を起点に、探索的な活動の中で新たな表現にふれ、それらを学んでいくことこそ、この時期の学習者が最も必要としている経験だと言えます。

● **初級**

学習者に一定の語彙と、語を組み合わせて意味を表現する経験が蓄積されるにしたがって、多様なタスクを用いることが可能になります。たとえば相違特定と同じように情報のギャップが設定された次のようなタスクを扱うことができるでしょう。

(1) 〔アイテム配置〕学習者が何も物の置かれていない部屋（キッチンや居間、クラブ活動の部室など）の絵を持ち、先生の説明を聞いてさまざまなアイテムを言われたとおりの場所に正確に描いていく
(2) 〔描画複製〕学習者が図形の組み合わせや描画の全体を先生の説明どおりに再現する
(3) 〔ストーリー完成〕ストーリーを構成する何枚かの絵をペアになった学習者が半分ずつ持ち、それらを見せ合うことなくやり取りとして正しい順序を特定し、話の内容を理解する

ここでは (1) と (2) を先生の説明を聞いて指示どおりにする、いわゆる理解型のタスク（comprehension tasks）としましたが、学習者がこのタイプの活動に慣れてきたら、(3) のようにペアになった学習者が互いにやり取りして取り組むようにもできるでしょう。後でも述べますが、こ

の段階では学習者に対して自分自身の情報や意見などを英語で述べさせるより、描写を中心としたタスクによって出来事や状況のイメージを言語シンボルに対応づける経験を豊かにさせていくことが大切です。そのためのトレーニングとして、学習者に絵や写真を描写する文をなるべくたくさん作らせたりしてもいいでしょう。それを元の絵や写真を見ないで行えば、「記憶クイズ」（memory challenge）のタスクになります。

　初級段階でもそれが可能であること、そして先生の発話支援がどのようなものであるべきかということを理解していただくため、少し違うタイプの活動も紹介しておきたいと思います[21]。やや高度な課題のように思われるかもしれませんが、半年から1年間英語を学んできた学習者たちであれば小学生でも取り組み可能なものです。最初に先生は教室の学習者たちに1分間目を閉じ、耳を澄まして周囲の物音を聞き取るように伝えます。1分後、学習者たちからは、cars running、birds singing、people talking、the teacher walking、a plane flying などと、それぞれが「発見」したことを「何がどうである」という形で伝えられるでしょう。うまく語を組み合わせられていない場合は先生がそうしてあげてください。さらにそれらを拡張しながら So, you heard people talking などと応じれば、学習者は自発的に Yes, I heard people talking とその発話を（口に出さないまでも心の中で）くり返すかもしれません。このとき、学習者による探索と経験の言語化を基点に、先生はそれぞれが表現したい内容を言語化する方法を必要なアフォーダンスとして提供し、学習者がそれを受け取ったことになります。その後、今度は先生のほうから自身の「発見」として I heard wind blowing、I heard Kenji chuckling、I heard someone coughing、I heard a chair squeaking、I heard a door slamming、I heard the heater booming、I heard music being played などとさらに種々の英文を提示すれば、学習者はそれらを通して新しい語を学んでいくことができるでしょう。学習者が置かれているのは周囲に実際の音やそれらを発する

---

[21]　Gibbons (2015) で紹介されている活動を筆者がアレンジしたものです。

人や物が溢れているという環境ですから、未知の語の意味も容易に理解できるはずです。先生が教室のヒーターを指差しながら booming と言えば、あるいはドアを実際に閉めながら slamming と言えば、それぞれの意味は学習者にとって明白でしょう。そのような経験の総体を通して、学習者はこのタイプの文構造を——通常は高等学校で扱われる、いわゆる知覚動詞の構文——を、この初級の段階で1つのパターンとして無理なく「身体化」していくことができるのです。

● **中級**

　中級段階でも初級と同様に、描写系の課題を用いることには意味があります。その際、すでに述べたとおり素材の内容を高度化することのほか、活動形態を変えることでも活動をよりやりがいのあるものにすることが可能です。たとえば前掲 (3) の「ストーリー完成」のタスクで、1つのストーリーを構成する12枚の絵があるとき、それらを2人で6フレームずつに分けるのではなく、3人で4フレームずつ持って行うようにすると、個々の学習者にとっては人からの説明を通して理解しなければならない内容の割合が増えることになり、推論によって全体像を描く必要性が高まって、飛躍的に難しい課題になります。複数のストーリーラインが絡み合って展開する物語や、登場人物の心理を読み取る必要のある素材を用いることによっても、取り組む学習者の言語使用を変化させ、それによって学習者の発達のための新しい「スペース」を作り出すことができるでしょう。

　単独の絵の描写、さらに連続する絵で構成されたストーリーの描写に学習者が慣れてきたら今度は動画を用いて、1人の学習者がそれを見ていない相手に対し、その展開に合わせて内容を説明していくというナレーションの活動を行うことも可能かもしれません[22]。その中で学習者

---

[22]　この課題への取り組みでは、場面に即座に反応して英語を用いることが求められるので、学習者がそれに慣れていない段階では用いるのを動画のごく短い断片にすることや、用いる動画を学習者に一度見せ、さらに表現方法を考える時間を与えたうえで

は主部と述部の構成や動作、経路、さらに時系列のイメージや概念など
を言語記号と結びつける経験をすることになります。

　この段階ではさらに、ペアやグループの学習者が論理パズルの答えを
協力して（英語を使って）考えるなど、問題解決的なタスクを積極的に提
供していくといいかもしれません。それらは推論を伴う合理的な思考、
論理系列の処理、およびそれらに必要な抽象的概念を第二言語の記号に
よって表現していくプロセスに学習者を導きます。抽象的概念の多くは
本章の前半でふれた概念メタファーとして成立しているため、前の段階
で培ったイメージを言語化するという経験がそれを自然な形で可能にし
てくれるはずです。学校のさまざまな教科の内容を英語で扱う内容言語
統合型学習（Content Language Integrated Learning）の導入も、同じ理由か
らこの段階で検討されるといいでしょう。

● 上級

　上級段階に至れば、さまざまなタスクを経験してきた学習者たちはさ
らに新しいタイプの課題にも取り組むことが可能です。それらの1つ
が意思決定型のタスクです。学習者たちはグループになって、設定され
たテーマに関する「協議」を行い、適切な人物やアイテムの選択、物事
の優先順位、解決策などに関して1つの結論に達することを求められ
ます。結論はグループ内の全員が合意するものでなければならず、学習
者たちは互いに提案や主張、必要に応じて譲歩、妥協などをしながら合
意の形成を目指すことになります。そこに含まれる選択や評価、根拠づ
けといった認知プロセスは、情報ギャップ型の活動における描写や照合
より高次のものと考えられます[23]。

　現在入手可能な教材に含まれている意思決定型タスクの内容には「会
社やその他の組織の新しいメンバーを選ぶ」、「無人島での生活や長期の

取り組ませることなどを考えるといいでしょう。

[23]　Anderson and Krathwohl（2001）

旅行に持っていくものを決める」、「イベントの招待者や表彰者を決定する」といったものが多く、必ずしも学習者の現実の生活に直結しているわけではありません。しかし、合意や決定のために求められる思考や判断のプロセスは現実の場面で交わされる議論や交渉の際と変わりありません。ジレンマ状況への対応が求められることもあります。

意思決定型タスクのトピックを社会、科学、政治、あるいは文化や倫理上の問題に関するものにすれば、年長・成人の学習者にふさわしい課題となり、学術や専門分野の内容とリンクした指導も可能です。日本の経済を活性化させる方法や、現在の学校教育を改善するための施策を考える、過去500年間の科学的発見のうち最も重要なものを5つ挙げるといった内容なら、活動をプロジェクト型の授業へと発展させることもできるかもしれません。意思決定型タスクを用いた活動では、最初に個々の学習者に自分の考えを整理させ、その原案が採用されることを目指して協議させるようにすると、活発な議論が生まれやすくなります。

ここで上級学習者用のものとして位置付けているように、意思決定タイプのタスクをあまり早い段階で用いることには慎重であるべきです。話す内容を自らが創出しなければならないこの種のタスクは学習者にとって難しく、習熟レベルを考えずに用いると沈黙が続いて話し合いが停滞したり、日本語が使われがちになったりします。「自己表現」、「思考・判断・表現」、「考えをまとめて話す」といったスローガンに呼応して、実際に中学生用の教科書にもこの種の課題が少なからず掲載されていますが、筆者には提供する課題の選択を見直したほうがいいように思われます[24]。

言語使用は場面・状況に対する当事者の態度やその解釈、発話の動機

---

[24] 関連して述べれば、初級段階である中学校用の教科書に描写の課題がほとんど掲載されていないことに対しても、筆者は疑問を感じます。情報のギャップを埋めることを目標とするタスクの素材を誌面に掲載することが難しいとしても、それを乗り越える方途を考えたうえでそうしたタスクを積極的に提供していくべきでしょう。実際、描写の課題は言語能力の重要な側面を測るものとして TOEIC などの検定試験でも出題されています。

などによって変化します。社会言語学では言語使用者が認識しているやり取りの目的のことを「フレーム」(frames) と呼びますが、意思決定タイプのタスクでは学習者に与えられる役割を変えることによって多様なフレームを作り出すことが可能です。市の再開発政策をテーマとした議論なら、利害関係の当事者として自分の主張を通すために議論に参加するという設定で活動するのか、市の職員として種々の利害を調停する立場で話し合いに臨むのかによって、学習者は違う世界を経験し、異なる言語を使って議論することになります[25]。出来事に対して共感や賞賛を表明すべき立場、どうにかつじつまを合わせて人を納得させなければならない立場、開発した製品や組織の規則、行動の計画などについてできるだけ多くの問題点や矛盾点、改善点を指摘すべき立場、それらの利点や有効性を主張すべき立場など、さまざまな役割をトピックに応じて設定し、学習者に多様な「世界」を経験させるといいでしょう。現在までのタスクをめぐる議論に欠けているものがあったとすれば、それは参照的なコミュニケーション、すなわち情報の授受という言語使用の側面だけに注意を向け、言葉を使うそもそもの動機やそれが要求する態度、事態の解釈、対話の相手との関係性などをその視野の中に入れてこなかったことかもしれません。意思決定型のタスクはこれらを考慮して活動を組織する余地を私たちに与えてくれます[26]。

---

[25] Kraut (2018) は意思決定型のタスクへの取り組みにおいて学習者が調停のために議論する場合と主張のために議論する場合で、やり取りの特徴に違いが見られたことを報告しています。

[26] もちろんこのことが可能なのは意思決定型タスクにおいてだけではありません。たとえば、先に中級レベルに適した課題として挙げた実況型のナレーションでは、説明を物語の主人公の立場で行うよう求めるか、視聴者としての第三者的な視点から語っていくかといった違いによって、学習者にとっての課題のあり方を変えることができるでしょう。

まとめ

　コンピュータがあらかじめ想定された問題空間の中でならうまく機能するように、表象主義を前提にした言語教育を経験した学習者たちも、限られた行為ならうまく遂行できるようになるかもしれません。しかし学習者たちがさまざまな新しい状況に柔軟に対処し、機能することのできる能力を育むことを言語教育の目標の視野に入れるなら、私たちが参照すべきなのはコンピュータではなく、自らの認知が形成されていく実際のあり方です。「生き、動くもの」にとっての学習とは、環境の中で、その状況への適応を目指した行為です。探索の経験こそが新しい認知の枠組みを作り出し、それぞれの個体にとっての世界を起動させていくのです。本章ではそうした理論的な背景を整理した後、言語教育の文脈で第二言語の発達を支援する方法として、「タスク」と呼ばれている課題の用い方を検討しました。

　タスクのデザインや活動条件と言語使用・発達との関連を明らかにすることをその一部とする第二言語習得の研究も、今後はさらに現象の複雑性や学習者の発達における経験の役割、そしてさまざまな要因の相互作用を視野に入れたものとなっていくでしょう。学習者の個人的特性、学習の歴史、既存の知識などが新たな経験と結びついて、実際にふれた用例や指導された内容の範囲を超えた新しい知識が創発的に生まれる様相が明らかにされていくことも期待されます。それらの知見は学習課程の構想においても、私たちに新たな視点を与えてくれることでしょう。

● 参照文献

Anderson, L., & Krathwohl, D. A.（2001）. *A taxonomy for learning, teaching and assessing: A revision of Bloom's taxonomy of educational objectives.* New York: Longman.

Berrett, S.（2011）. *Beyond the brain: How body and environment shape animal and human minds.* Prinston University Press.［（翻訳）小松淳子（2013）.『野生の知能——裸の脳から、身体・環境とのつながりへ』東京：インターシフト.]

Dewey, J.（1925）. Experience and nature. In vol. 1 of *The later works, 1925–1953*. Edited by Jo Ann Boydston（1981）. Southern Illinois University Press.

Ellis, R.（2018）. *Reflections on task-based language teaching*. Bristol: Multilingual Matters.

Gibbons, P.（2015）. *Scaffolding language, scaffolding learning: Teaching English language learners in the mainstream classroom*（second edition）. Portsmouth: Heinemann.

Gibson, J. J.（1979）. *The ecological approach to visual perception*. Boston: Houghton Mifflin.［（翻訳）古崎敬（1986）.『生態学的視覚論――ヒトの知覚世界を探る』東京：サイエンス社.］

Kraut, J.（2018）. The role of "roles" in task-design: An exploration of framing as a feature of tasks. In L. Ortega & Z.-H. Han（Eds.）, *Complexity theory and language development: In celebration of Diane Larsen-Freeman*（pp. 187–210）. Amsterdam: John Benjamins.

Lakoff, G., & Johnson, M.（1980）. *Metaphors we live by*. University of Chicago Press.［（翻訳）渡部昇一・楠瀬淳三・下谷和幸（1986）.『レトリックと人生』東京：大修館書店.］

Langacker, R. W.（1991）. *Concept, image, and symbol: The cognitive basis of grammar*. Berlin: Mouton De Gruyter.

Langacker, R. W.（2008）. *Cognitive grammar: A basic introduction*. Oxford University Press.［（翻訳）山梨正明（監訳）（2011）.『認知文法論序説』東京：研究社.］

Larsen-Freeman, D.（2018）. Complexity theory: The lessons continue. In L. Ortega & Z.-H. Han（Eds.）, *Complexity theory and language development: In celebration of Diane Larsen-Freeman*（pp. 11–50）. Amsterdam: John Benjamins.

Larsen-Freeman, D., & Cameron, L.（2008）. *Complex systems and applied linguistics*. Oxford University Press.

松村昌紀（2009）.『英語教育を知る 58 の鍵』東京：大修館書店.

松村昌紀（2012）.『タスクを活用した英語授業のデザイン』東京：大修館書店.

McCarthy, J., & Hayes, P. J.（1969）. Some philosophical problems from the standpoint of artificial intelligence. In B. Meltzer & D. Michie（Eds.）, *Machine Intelligence 4*（pp. 463–502）. Edinburgh University Press.

O'Grady, W.（2005）. *How children learn language*. Cambridge University Press.［（翻訳）内田聖二（2008）.『子どもとことばの出会い――言語獲得入門』東京：研究社.］

佐々木正人（2015）.『新版アフォーダンス』東京：岩波書店（岩波科学ライブラリー）.

Slattery, M., & Willis, J.（2002）. *English for primary teachers: A handbook of activities & classroom language*. Oxford University Press.［（翻訳）外山節子（監

修）(2003). 『(指導者の養成・自習のために) 子ども英語指導ハンドブック』東京：オックスフォード大学出版局.]

Thelen, E., & Smith, L. B. (1994). *A dynamic systems approach to the development of cognition and action.* The MIT Press. [(翻訳) 小島康次 (監訳) (2018). 『発達へのダイナミックシステム・アプローチ』東京：新曜社.]

Tyler, A. E., & Ortega, L. (2018). Usage-inspired L2 instruction: An emergent, researched pedagogy. In A. E. Tyler, L. Ortega, M. Uno & H. I. Park (Eds.), *Usage-inspired L2 instruction: Researched pedagogy* (pp. 3–26). Amsterdam: John Benjamins.

Varela, F. J., Thompson, E., & Rosch, E. (2016). *The embodied mind: Cognitive science and human experience* (revised edition). The MIT Press.

Willis, J. (1996). *A framework for task-based learning.* Harlow: Longman. [(翻訳) 青木昭六 (監訳) (2013). タスクが開く新しい英語教育――英語教師のための実践ガイドブック』東京：開隆堂出版.]

山梨正明 (2004). 『認知言語学原理』東京：くろしお出版.

Yule, G. (1997). *Referential communication tasks.* Mahwah, NJ: Lawrence Erlbaum Associates.

索　引

執筆者一覧

藤井数馬（ふじい かずま）　　　長岡技術科学大学 工学部 准教授

大瀧綾乃（おおたき あやの）　　静岡大学 情報学部 講師

田村知子（たむら ともこ）　　　愛知教育大学 非常勤講師

白畑知彦（しらはた ともひこ）　静岡大学 教育学部 教授

今井隆夫（いまい たかお）　　　南山大学 外国語学部 教授

中川右也（なかがわ ゆうや）　　三重大学 教育学部 准教授

近藤泰城（こんどう やすき）　　皇學館大学 非常勤講師

柏木賀津子（かしわぎ かづこ）　大阪教育大学 連合教職実践研究科 教授

松村昌紀（まつむら まさのり）　名城大学 理工学部 教授

〈編者紹介〉

白畑知彦（しらはた ともひこ）静岡大学教育学部教授

静岡県遠州森町生まれ。博士（文学）（大阪大学）。著書に『英語指導における効果的な誤り訂正』（大修館書店），『英語教育用語辞典第3版』（共著，大修館書店），『ことばの習得』（共著，くろしお出版），『第二言語習得研究モノグラフシリーズ（4巻）』（共編，くろしお出版），『詳説 第二言語習得研究』（共著，研究社）など。

中川右也（なかがわ ゆうや）三重大学教育学部准教授

愛知県名古屋市生まれ。神戸市外国語大学大学院外国語学研究科修士課程修了。著書に『「なぜ」がわかる英文法』（ベレ出版），『「なぜ」がわかる動詞＋前置詞』（共著，ベレ出版），『ジャズで学ぶ英語の発音』（共著，コスモピア），『教室英文法の謎を探る』（開拓社），『TOEIC® L&R TEST のための基礎演習』（共著，三修社）など。

英語のしくみと教え方 ――こころ・ことば・学びの理論をもとにして――

初版第1刷―――― 2020年9月20日

編　者―――― 白畑知彦・中川右也
　　　　　　　しらはたともひこ　なかがわゆうや

発行人―――― 岡野秀夫

発行所―――― 株式会社 くろしお出版

　　　　　　〒102-0084　東京都千代田区二番町4－3
　　　　　　［電話］03-6261-2867　［WEB］www.9640.jp

印刷・製本　シナノ書籍印刷　　装 丁　仁井谷伴子　　イラスト　友田厚子

©Tomohiko Shirahata and Yuya Nakagawa, 2020　Printed in Japan
ISBN978-4-87424-839-3 C1082
乱丁・落丁はお取りかえいたします。本書の無断転載・複製を禁じます。